Ser+ em Gestão de Pessoas

Allison Lannes e
Mauricio Sita
Coordenação editorial

Neste livro você tem lições para Ser + em Gestão de Pessoas dos seguintes especialistas:

Adriana Albuquerque
Adriano César Rosa da Costa
Amauri Nóbrega
Benedito Milioni
Bruno Krug
Carolina Steiner
Daniel Bizon
Fernando Santi
Gutemberg Leite
Heloísa Capelas
Jansen de Queiroz
Juliana Candido Scheper
Lúcia Helena dos Santos Cordeiro
Luciano Moreira
Lucimar Delaroli
Marcelo De Elias
Márcia Rizzi
Marcus Vinicius P. Oliveira
Maria Rita Sales
Maricy Kariny S. Oliveira
Paulo Pereira
Profª Elizenda Orlickas
Prof. Douglas de Matteu
Prof. Pedro Carlos de Carvalho
Prof. Roberto Dimas
Rafael Gonçalves
Raquel Acciarito Motta
Roberto Hirsch (Bob Hirsch RR)
Robson Rodrigues Silva
Sandra Adalgiza Barboza
Tatiane Vilela &
Marcela Buttazzi
Zuldene Cipriano Gomes

Capa e Projeto Gráfico:
Danilo Scarpa

Diagramação:
Tiago Silva

Revisão:
Felipe Lima
Karina Cedeño

Gerente de Projeto:
Gleide Santos

Diretora de Operações:
Alessandra Ksenhuck

Diretora Executiva:
Julyana Rosa

Relacionamento com o cliente:
Claudia Pires

Impressão:
Imprensa da Fé

Dados Internacionais de Catalogação na Publicação (CIP)
(Câmara Brasileira do Livro, SP, BRASIL)

Ser+em Gestão de Pessoas – Visões do presente e do futuro para melhoria de qualidade de vida e desempenho profissional / Coordenação editorial: Allison Lannes e Mauricio Sita – São Paulo: Editora Ser Mais, 2011.

Bibliografia.
ISBN 978-85-63178-19-0

1. Recursos Humanos 2. Carreira profissional – Desenvolvimento 3. Treinamento e Desenvolvimento 4. Sucesso profissional 5. Mercado de trabalho 6.Carreira profissional – Administração I. Título.

CDD 658.3

Índices para catálogo sistemático:

1. Recursos Humanos 2. Carreira profissional – Desenvolvimento 3. Treinamento e Desenvolvimento 4. Sucesso profissional 5. Mercado de trabalho 6.Carreira profissional – Administração I. Título.

Editora Ser Mais Ltda
av. Rangel Pestana, 1105, 3º andar – Brás – São Paulo, SP – CEP 03001-000
Fone/fax: (0**11) 2659-0968
Site: www.editorasermais.com.br e-mail: contato@revistasermais.com.br

Índice

Apresentação

Será que há atividade mais difícil e desafiadora do que a Gestão de Pessoas?

Em contrapartida, será que há coisa mais gratificante do que ter uma equipe estruturada, eficiente e eficaz, e que está sempre disposta a somar com seu líder e gestor para o que der e vier?

Você acha que dá para motivar pessoas? Ou, se entender que a motivação não vem de fora para dentro, dá para desencadear a motivação em cada um?

Como liderar pessoas e equipes pequenas ou grandes?

Líder, chefe, gestor, gerente?

Qual é o ideal a ser buscado?

Quais os melhores modelos de gestão?

Eu encheria esta página de perguntas. A única certeza que temos é a de que na Gestão de Pessoas nunca faltarão dúvidas.

Em razão disso, decidimos oferecer um livro que tenha o maior número possível de respostas.

Aqui você encontrará a orientação de mais de trinta grandes especialistas. São profissionais consagrados, que estão entre os melhores do Brasil e apresentam, em poucas linhas, grandes contribuições para a eliminação dos seus questionamentos.

Temos a certeza de que você identificará no conteúdo deste livro muitas ideias, sugestões e orientações de aplicação prática e imediata.

Destacamos ainda outra característica importante: este livro não termina na última página. Por meio do nosso site www.revistasermais.com.br você poderá manter contato com os autores e interagir sobre todos os seus itens de interesse. Nós, particularmente, gostamos muito dessa solução de publicar um livro aberto, que não tem fim. A atualização é constante. Aproveite.

Agradeço a todos os coautores pela participação e contribuição inestimável para a literatura da Gestão de Pessoas. Este livro, pelo seu formato e conteúdo, é um dos mais importantes já publicados.

Boa leitura!

Mauricio Sita
Coordenador da Coleção Ser+
Presidente da Editora Ser Mais

Ser + em Gestão de Pessoas

1

Como desenvolver pessoas para obterem resultados extraordinários na organização em que atuam?

Como desenvolver pessoas que, de fato, agreguem valor para a organização com as suas competências, assim gerando resultados cada vez melhores? Este é um dos maiores desafios da Gestão de Pessoas

Adriana Albuquerque

Adriana Albuquerque

Uma empresa com resultados extraordinários é formada por um time que possui profissionais talentosos e comprometidos que se superam a cada desafio e desequilibram a concorrência. Líderes que atuam como gestores de talentos fazem toda a diferença.

Veja o exemplo da Apple, com Steve Jobs, ou do Facebook, com Mark Zuckerberg. Duas estrelas que brilham e iluminam uma equipe com foco na superação a cada passo, inovando e mantendo por anos a excelência em serviços e produtos.

Sabemos que a grande maioria das empresas deseja ser destaque com algum produto inovador que se torne o sonho de consumo das pessoas e gastam uma quantia enorme em dinheiro desenvolvendo esses produtos. No entanto, muitas vezes acabam ficando no lugar comum ou criando simplesmente cópias que não apresentam nenhum diferencial significativo. Por que isso acontece?

Porque o investimento está sendo "incompleto". Investir em produtos e serviços é muito importante, mas investir nas pessoas que criam esses produtos e serviços é mais que importante, é fundamental! Pena que são poucas as empresas que fazem isso.

Provavelmente você já desejou criar algo inovador. Talvez até tenha tentado fazer isso algumas vezes, mas não obteve o sucesso desejado. Creio que você tenha feito um enorme esforço para conseguir, mas nada muito significativo aconteceu.

Imagino que você esteja lendo este artigo na expectativa de encontrar um caminho, um método, enfim, algo consistente que possa apoiá-lo a conquistar resultados melhores para você e para a sua equipe. Então vamos ao ponto!

Empresas contratam pessoas para resolverem problemas através de soluções efetivas que impactem no resultado do seu negócio. Pessoas comuns trazem soluções comuns. Pessoas comprometidas com o próprio desenvolvimento da carreira e com a empresa em que trabalham criam soluções inovadoras e se revelam como diferenciais fundamentais e necessários no time. Assim, o reconhecimento dessas pessoas é diferenciado e o sentimento de realização profissional é tremendo, fazendo com que elas se empenhem ainda mais nos próximos desafios e se superem novamente. Isso vira o que conhecemos por círculo virtuoso! E por que isso não acontece com todos? Por que somente alguns conseguem esses resultados?

Porque somente uma pequena minoria investe em fortalecer competências ou desenvolver novas competências, porque somente alguns pagam o preço de se transformar em profissionais melhores, pois isso exige muito trabalho, esforço e atitudes estratégicas.

Conhecemos essas pessoas pelo nome de "empreendedores solitários" (geralmente elas iniciam o trabalho sozinhas e só depois se envolvem com mais pessoas para conseguir o seu intento). Você deve conhecer algumas delas em sua empresa.

Vamos entender como isso de fato acontece.

O Guia Você S/A Exame publicou uma pesquisa muito interessante falando exatamente sobre qual o perfil de funcionários desejados pelas 150 melhores empresas para se trabalhar.

Segundo a pesquisa em questão, a competência mais valorizada pela maioria das empresas entrevistadas (54 de 150), é a alta *performance*, ou seja, profissionais capazes de bater as suas metas repetidas vezes, independente do contexto. São pessoas que, ao comentarem os seus projetos, põem a mão na massa. Saem da etapa da imaginação e vão para a ação! Isso faz toda a diferença, pois ao contrário do que nos ensinaram a acreditar, "querer" não é poder, mas "fazer" é poder! E gera resultados extraordinários.

A segunda competência mais valorizada por 39 das organizações entrevistadas está relacionada à capacidade do profissional de assumir novos desafios. E as demais competências são as listadas a seguir:

- Motivação;
- Comprometimento;
- Visão do todo;
- Empreendedorismo;
- Capacidade de realização;
- Brilho nos olhos;
- Sede de conhecimento;
- Desempenho superior;
- Atitude diferenciada;
- Capacidade de trabalhar em equipe.

Pessoas que possuem a soma de algumas dessas competências são, portanto, talentos muito valorizados pelas organizações.

Mas como os líderes ou os profissionais da área de Gestão de Pessoas podem colaborar com o desenvolvimento dessas competências nas equipes de trabalho?

A boa notícia é que temos atualmente à nossa disposição ferramentas que auxiliam nesse trabalho. Iremos apresentar agora três destas ferramentas que, se usadas de forma complementar, dão poder às pessoas para que realizem mais e melhor. Como *coach* profissional, utilizo essas ferramentas em grupos de trabalho nas organizações em que atuo e tenho obtido excelentes resultados.

Vou passar a você três ferramentas muito poderosas.

Primeira ferramenta:

Roda das competências

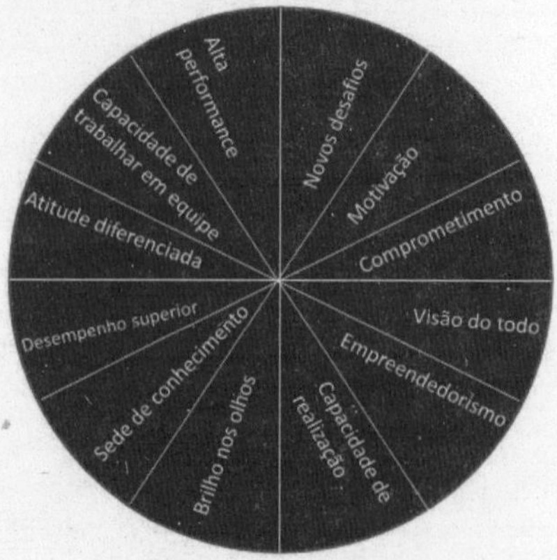

O objetivo desta ferramenta é permitir que o cliente faça uma avaliação sobre o seu atual nível de satisfação em relação às diferentes competências que impactam no desenvolvimento da sua carreira e na obtenção de melhores resultados, comparando-a com o nível de satisfação que gostaria de obter. É uma espécie de diagnóstico para uma atuação mais assertiva a partir do desenvolvimento de competências desejadas pelas 150 melhores empresas para se trabalhar, de acordo com o *Guia Exame Você S/A*.

O centro da roda representa o ponto zero de satisfação (0%) do indivíduo na dimensão a que diz respeito. O outro extremo da linha é o nível máximo da satisfação (100%) em relação a essa mesma dimensão. Após a classificação em relação a cada área (o cliente pinta cada área de acordo com o seu grau de satisfação iniciando do centro, ponto zero, para a extremidade), unem-se os diferentes pontos, emergindo um determinado tipo de "roda", na maioria das vezes irregular.

Depois, pergunto como é que ele gostaria que fosse a sua roda ideal. Questiono sobre o nível de comprometimento que ele está disposto a ter para obter o resultado esperado na pontuação ideal. Peço que ele escolha duas áreas em que dará mais foco e energia. Essas duas áreas servirão de alavanca para as demais, isto é, uma vez escolhidas e trabalhadas, auxiliarão que as demais sejam otimizadas em seus resultados. Ao concluir a aplicação desta ferramenta, pergunto ao cliente qual o aprendizado que ele obteve e solicito que ele determine o primeiro passo a ser dado em cada área escolhida para que ambas tenham um avanço.

A segunda ferramenta é **THE SKILLED – HELPERG** (Egan, 2002). Tem como objetivo a resolução de problemas e identificação de oportunidades para que ele atinja um objetivo previamente estipulado através da exploração dos cenários.

THE SKILLED – HELPER

G. Egan 2002

FASE 1 CENÁRIO ATUAL O que está acontecendo? A HISTÓRIA O que está acontecendo?	FASE 2 CENÁRIO PREFERIDO O que eu preciso? POSSIBILIDADES Idealmente o que você gostaria de ter no lugar?	FASE III O CAMINHO Como eu consigo o que eu quero ou preciso? ESTRATÉGIAS Quantas formas diferentes existem para fazer isso?
NOVAS PERSPECTIVAS **O que realmente está acontecendo?**	**MUDANÇA DE AGENDA** **Qual exatamente é a sua meta?**	**MUDANÇA DE AGENDA** **O que vai funcionar melhor para você?**
ALAVANCA **O que realmente é mais importante?**	**COMPROMETIMENTO** **Você está comprometido?**	**PLANO** **Qual o próximo passo?**

Solicito inicialmente nesta ferramenta que o meu cliente estipule um objetivo. Exemplo: obter uma alta *performance* até __/__/__.

Para que ele otimize essa área na Roda das Competências.

Essa ferramenta tem excelentes resultados, pois traz para o cliente novas perspectivas e resultados mais satisfatórios.

Para finalizar, aplico a terceira e última ferramenta conhecida como ensaio mental, que tem como objetivo agregar poder ao meu cliente para que ele se coloque em um estado de excelência, aumentando o seu desempenho para atingir o objetivo que ele estipulou quando aplicamos a segunda ferramenta citada acima.

Oriento o cliente da seguinte forma:

Você agora é um diretor de um filme que foi escrito por você e vai revisar uma cena para melhorá-la, para isso vai seguir minhas orientações passo a passo:

- Visualize uma grande tela azul na sua frente e veja-se nela;
- Veja-se exibindo o comportamento que quer mudar ou melhorar (lembre-se da última vez que você exibiu o comportamento a ser melhorado);
- Decida o que quer mudar ou melhorar (se necessário busque modelos externos). O que alguém que você admira muito e que tem facilidade com isso faria em seu lugar?
- Edite o filme alterando tudo aquilo que foi decidido anteriormente (veja-se fazendo diferente, fazendo melhor. Crie as suas falas, a sua expressão, a sua postura. Veja-se num modelo ideal, num comportamento ideal);
- Entre no filme e se transforme nessa pessoa como se, de fato, a cena fosse real. Sinta as sensações que você quer sentir, quando estiver fazendo da forma ideal o que você deseja;
- Crie uma conexão com o futuro e transporte-se para lá. Viva esse momento como se ele fosse hoje. O futuro está aqui, viva-o de forma ideal e sinta-se realizando com excelência e obtendo o sucesso desejado.

Quando concluo o ensaio mental, trago lentamente o cliente para o "aqui e o agora", orientando que ele traga consigo todas as maravilhosas sensações que ele vivenciou durante o processo. O resultado é fantástico!

A última etapa é traçarmos juntos um plano de ação para cada objetivo por ele estipulado, a fim de que ele possa desenvolver as competências necessárias para atingir resultados cada vez melhores.

Estas são três das centenas de ferramentas que o método *Coaching* de atingir resultados extraordinários proporciona.

Espero ter colaborado para que você, como gestor de pessoas, possa obter melhores resultados para a sua empresa, desenvolvendo uma equipe de alta *performance*. Na era do conhecimento, pessoas são o maior capital de uma organização e dar-lhes poder é um dos mais importantes papéis de um gestor focado em resultados.

Bibliografia

CATALÃO, João Alberto e PENIM, Ana Tereza - *Ferramentas de Coaching* Ed. Lidel, 2009.

FRIEDMAN, L. Thomas. *O mundo é plano*. Rio de Janeiro: Objetiva 2007.

MAXWELL, John C. *Faça o hoje valer a pena*. Belo Horizonte: Bello publicações, 2008.

PINK, Daniel. *Uma mente inteiramente nova: passando da Era da Informação para Era Conceitual.*

PORTER, *Michael. Estratégia Competitiva*. Rio de Janeiro: Campus, 1989.

Adriana Albuquerque

Palestrante, conferencista nacional e internacional, *coach* com certificação internacional pela SBC – Sociedade Brasileira de *Coaching* / licenciada pelo BCI – *Behavioral Coaching Institute* e pelo ICC - *Internacional Coaching Council*. Formação em Líder *Coaching* pelo *Coaching Club*, membro da Academia de Letras do Brasil/DF, cadeira 31. Escritora na área de realização profissional, excelência pessoal, planejamento estratégico, motivação e resultados. Especialista pela UNB – psicometria/RH, MBA em gestão de pessoas, graduada em psicologia pela UFC, professora de pós-graduação e de MBA em gestão de pessoas, gestão de projetos e gestão empresarial, especialista em Tanatologia pela Universidade Holística de Brasília – UNIPAZ, Formada em relações interpessoais pelo Instituto Dale Carnegie – Líder mundial em treinamentos empresariais, Diretora da Inovação Training Consultoria e Assessoria LTDA, consultora organizacional e eterna aprendiz.

Site: www.adrianaalbuquerque.com.br
E-mail: adriana@adrianaalbuquerque.com.br
Telefones: (61) 3962-2921 / (61) 8131-6253
Blog: www.adrianaalbuquerque04.blogspot.com

Anotações

2

Gestão de Pessoas:
o desafio de uma atuação mais estratégica e menos operacional

Reprogramar o nosso modelo mental para uma atuação mais estratégica e menos operacional: esse foi o objetivo maior desse artigo. Para os que se cansaram de reclamar da vida e querem efetivamente adotar novas formas de atuação, o artigo aponta algumas "saídas" (ações e competências profissionais) que, na prática, conduzirão tanto o profissional quanto a área de Gestão de Pessoas para um novo e mais elevado patamar de atuação

Adriano César Rosa da Costa

Adriano César Rosa da Costa

Uma das reclamações mais frequentes profanadas pelos profissionais da área de Gestão de Pessoas ao longo desses últimos anos é a falta de reconhecimento da empresa, seja quanto ao profissional dessa área, em uma primeira instância, seja quanto à área como um todo, em uma segunda instância.

Todavia, ficar se lamentando junto aos pares de nada vai adiantar. A solução está, inicialmente, na mudança de padrão e modelo mental dos profissionais de Gestão de Pessoas, como ponto de partida para uma mudança profunda e eficaz do seu comportamento. Aliás, os ensinamentos filosóficos sabiamente nos dizem que se queremos mudar o mundo, devemos começar por nós mesmos. Quando com a mão fechada apontamos o indicador para culpar alguém, há outros três dedos que se apontam em nossa direção.

Muito tem se falado sobre Geração X, Geração Y e coisas do gênero, referindo-se às idades das pessoas. Todavia, esquecem que esse tipo de idade pouco importa. O que importa mesmo é como está a evolução (ou não) do pensamento que as habilitará a serem classificadas nessa ou naquela geração.

Nesse sentido e reposicionando essa lógica de raciocínio na área de Gestão de Pessoas, convém perguntar: afinal, qual é mesmo a idade mental dos meus pensamentos e das minhas práticas profissionais (uma vez que essa expressa é o resultado da primeira)?

De pouco adianta trabalharmos em uma empresa ou em uma atividade situada no século XXI se as nossas práticas profissionais insistem em se arraigar aos século passados.

Medidas práticas, eficazes e necessárias para uma nova prática

Diante do quadro de afirmações acima, apontam-se, abaixo, algumas medidas práticas que se espera da área e do profissional de Gestão de Pessoas na contemporaneidade:

1. Utilização de indicadores de Gestão de Pessoas: os profissionais e as empresas que costumam adotar indicadores de processos e/ou de resultados nas suas práticas cotidianas ainda é incipiente. Mensurar a qualidade dos processos e a eficácia dos resultados da área de Gestão de Pessoas frente aos desafios e aos objetivos organizacionais ainda é uma tarefa árdua para muitos profissionais. Lidar com números ainda parece ser uma barreira que costuma ser evitada pelos mesmos. Poucos a contornam;

2. Conhecer a empresa que se "esconde" para além das paredes da área: conhecer o "chão de fábrica", como se diz no dialeto organiza-

cional; circular pelos diversos setores da empresa; vivenciar as atividades; interagir com o cliente externo e entender as suas necessidades; dentre outras atitudes comumente praticadas por outras áreas da empresa, ainda é algo raro de ser visto por livre iniciativa dos profissionais da área de Gestão de Pessoas. Não por acaso, projetos estruturados no conforto (e nas redomas) das estações de trabalho (projetos considerados "de gabinete") são perfeitos do ponto de vista técnico, porém, nem sempre eficazes do ponto de vista prático, tampouco geram os resultados esperados pela organização;

3. Falar a linguagem dos empresários: a linguagem universal e compreensível pelos empresários, aquela que parece soar como sinfonia em seus ouvidos, é a linguagem que provém dos números e das finanças, não dos abjetivos "gasosos" que se costuma utilizar para justificar a importância ou revelância de determinada ação ou procedimento de Gestão de Pessoas para a empresa. Apontar não somente a relação custo x benefícios, mas, também, o retorno sobre o investimento (ROI) em determinadas ações parece ser algo sobrenatural, coisa de outro mundo para muitos profissionais da área de Gestão de Pessoas;

4. Conciliar os interesses organizacionais com os interesses dos funcionários: é falso o mito que preceitua que devemos escolher o primeiro interesse ou o segundo! É tão possível quanto viável e necessário o estabelecimento de práticas de Gestão de Pessoas que convirjam para o ponto de intersecção que existe entre ambos os interesses; legítimos, por sinal. Empresa e funcionário se interdependem; a relação trabalhista deve ser uma via de mão dupla sempre e na hora em que isso não ocorrer, será o momento adequado para "se discutir a relação". Não compete ao profissional de Gestão de Pessoas advogar em prol dos "fracos e oprimidos" dos funcionários, tampouco dos "patrões opressores", como muitos ainda insistem em pregar. Um não é melhor ou pior que o outro. Melhor ainda, um depende do outro!

5. Pensar mais em estratégias e menos nos processos operacionais e nas técnicas de intervenção: olhar menos para o próprio umbigo, levantar a cabeça e observar que existe um negócio a ser desenvolvido. Em linguagem metafórica, é esse o primeiro movimento que o profissional de Gestão de Pessoas precisa realizar. Há muitos profissionais que se escondem por detrás do domínio de técnicas pirotécnicas e focam suas atenções somente para o processo, sem sequer

saber para onde a empresa está direcionada (Qual o faturamento? Está em lucro ou em vias de prejuízo? Etc.) e, pior ainda, sem ter a clara noção de como os processos da área estão efetivamente contribuindo para a consecução dos objetivos, das metas e das estratégias organizacionais. Este talvez seja o maior desafio da atualidade, tendo em vista que requer de cada profissional uma reprogramação do seu modelo mental para tal. Muitos ainda insistem em atuar nos padrões convencionais, ou seja, sob a programação de um modelo mental desenhado no século passado;

6. Divulgar as ações e os resultados da área: nos tempos atuais, tão importante quanto fazer é mostrar o que se fez. Nesse sentido, ações de endomarketing, em sentido mais amplo e junto aos funcionários da empresa, é fundamental. Muitas organizações pecam nesse momento ou, pior, fazem questão de não se comunicarem com os funcionários, seja para assuntos de interesse dos mesmos ou para divulgar as ações e resultados da área. Tão fundamental quanto essa primeira, a apresentação dos resultados por meio de relatórios junto à alta cúpula da empresa também é algo que, em geral, deixa a desejar.

Por meio dessas medidas iniciais, tem-se por objetivo unicamente responder ao seguinte questionamento enquanto área administrativa: de que modo e sob que conjunto de estratégias os processos da área de Gestão de Pessoas estão efetivamente contribuindo para que a empresa possa atingir os seus objetivos organizacionais em conciliação com os interesses dos funcionários? Em resumo, responder de forma correta a esse questionamento é a essência de uma verdadeira Gestão Estratégica de Pessoas nos dias atuais.

Para tanto, além das competências humanísticas, vale ressaltar que algumas outras são requeridas e imprescindíveis para que um profissional de Gestão de Pessoas contemporâneo possa atuar efetivamente de forma estratégica, quais sejam: visão sistêmica e de negócios; raciocínio lógico-quantitativo; objetividade e capacidade de síntese; habilidade de planejar no longo prazo; organização e controle dos resultados das ações; autodisciplina; foco no cliente e na solução de problemas; diligência e perspicácia; habilidade de comunicação oral e escrita; dentre outras.

Vantagens de uma atuação estratégica para a área de Gestão de Pessoas

Além de direcionar a área e os profissionais de Gestão de Pessoas para um novo patamar de atuação, as ações acima listadas produzem as seguintes vantagens:

- contribuem para a elevação da visibilidade interna e para ressaltar a importância do profissional de Gestão de Pessoas para o sucesso empresarial;

- estimula o desenvolvimento de ideias e de projetos de Gestão de Pessoas que estejam alinhados com o planejamento estratégico da empresa;
- promove a elevação do potencial competitivo das organizações;
- uma atuação diferenciada e orientada para resultados eleva o nível de empregabilidade dos profissionais da área de Gestão de Pessoas, além de fortalecê-la enquanto tal.

Assim sendo, espera-se que as breves sugestões de práticas e os benefícios acima apontados promovam novos questionamentos e inquietações junto a todos nós profissionais da área de Gestão de Pessoas ao ponto de nos fazer sair da nossa "zona de conforto" que, a rigor, não nos levará a lugar algum, seja enquanto profissionais, seja enquanto empresas e, principalmente, enquanto país que precisa se desenvolver cada vez mais e se posicionar de forma mais competitiva e sustentável no cenário econômico mundial ao longo dos próximos anos.

Adriano César Rosa da Costa

Sócio-diretor, consultor organizacional e palestrante da FATORH Consultoria. Graduado em Psicologia e Doutorando pela Universidade Federal do Rio Grande do Norte (UFRN), Mestre em Administração pela Universidade Estadual do Ceará (UECE). *Personal & Professional Coach* pela Sociedade Brasileira de *Coaching* (SBC). "*Black Belt*" em *Six Sigma*. Mais de 10 anos de experiência em projetos de consultoria nas áreas de planejamento estratégico, gestão de pessoas e gestão da qualidade. Foi consultor interno de Recursos Humanos e executivo do Banco do Nordeste do Brasil S/A (BNB). Consultor credenciado do SEBRAE/AL. Professor de cursos de graduação e de pós-graduações nas áreas de Gestão de Pessoas e de Gestão de Negócios. Membro do Instituto Brasileiro de Governança Corporativa (IBGC).

E-mail: adriano@fatorhconsultoria.com.br
Site: www.fatorhconsultoria.com.br
Telefone: (82) 9944-8338

Anotações

3

BSC na transformação da Gestão de Pessoas em um parceiro estratégico

A arquitetura de Gestão de Pessoas pode significar a diferença entre uma empresa que apenas acompanha a concorrência e outra que dispara na dianteira

Amauri Nóbrega

O mercado está cada vez mais competitivo. Os executivos estão sendo cada vez mais pressionados por melhores resultados. A empresa, como um organismo vivo, precisa se locomover para que isso ocorra. Para que esse "organismo vivo" se locomova e, de preferência, na direção certa, necessitará de pessoas motivadas. Como conseguir isso?

Hoje a Gestão de Pessoas assumiu importância primordial como criadora de valor para os acionistas. Estudos mostram que 85% do valor das organizações baseia-se em ativos intangíveis. Daí decorre um enigma interessante: o recurso mais importante é o menos compreendido, o menos sujeito a mensurações e o menos suscetível de ser gerenciado. É possível gerenciar algo que não se pode mensurar? Sim, é possível, e é nesse contexto que podemos utilizar o *Balanced Scorecard* (BSC) na Gestão de Pessoas.

O BSC é uma abordagem para administração estratégica, desenvolvida por Kaplan e Norton em meados de 1990. Reconhecendo algumas fraquezas e incertezas da abordagem prévia da administração, a abordagem do BSC provê uma prescrição clara sobre o que as empresas deveriam medir para equilibrar a perspectiva financeira. É um sistema de gestão – não apenas um sistema de medidas – que habilita as organizações a clarear sua visão e estratégia e traduzi-las em ações. Essa metodologia é muito utilizada no gerenciamento da estratégia e nas operações, porém é possível utilizá-la também para monitorar o desempenho da Gestão de Pessoas. Não tenho a intenção de explorar a abordagem em sua totalidade, e sim focar na sua aplicação no gerenciamento da Gestão de Pessoas.

O Planejamento Estratégico (PE) é a metodologia gerencial que permite estabelecer a direção a ser seguida pela empresa, visando elevar o grau de interações com o ambiente. Ele é o foco da alta administração das empresas, voltando-se para as medidas positivas que uma empresa poderá tomar para enfrentar ameaças e aproveitar as oportunidades encontradas em seu ambiente. Um dos pontos principais é estabelecer a direção a ser seguida, visando sempre a uma interação com o ambiente. O grau de interação entre uma organização e o ambiente, que pode ser positivo, neutro ou negativo, é variável dependendo do comportamento estratégico assumido pela organização perante o contexto ambiental.

Uma opinião própria: colocar no papel a estratégia é relativamente fácil, o difícil é tirar do papel, ou seja, executar. E para executar, precisamos ter as pessoas certas nos lugares-chave, caso contrário o fracasso é certo. A execução é uma das atividades mais importantes e que nem sempre é pensada. São os 'quês', 'comos' e 'quens', são os questionamentos, por que será implementado, como será implementado e de quem será a responsabilidade da implementação.

A execução é a atividade mais importante de um líder, porém muitas vezes ele negligencia um dos processos-chave fundamental para que ela ocorra: as pessoas. Em toda organização sempre irá existir lacunas entre o que o líder deseja e o que os colaboradores executam. Isso acontece porque eles não sabem executar, colocar em prática o que definiram ser estratégico para a empresa.

Balanced Scorecard x Gestão de Pessoas (GP)

O presidente e os gerentes de linha, na melhor das hipóteses, se mostram céticos quanto ao papel de GP para o sucesso da empresa. Pior ainda, em muitas empresas, os executivos querem acreditar que "as pessoas são nosso recurso mais importante", mas simplesmente não conseguem compreender como a função de GP converte essa visão em realidade.

Os atributos da GP são cruciais para a implementação da estratégia competitiva de sua empresa, mas até que ponto os atuais indicadores de GP refletem bem os "vetores estratégicos de GP"? Hoje, forças de mercado estão forçando as empresas a ampliar seu foco sobre a GP, de mera função administrativa tradicional – departamento pessoal (DP) – para uma função estratégica mais abrangente. Esse é o desafio de ser cada vez mais um parceiro estratégico na gestão do negócio.

Para vencer esse desafio, os gerentes de GP devem compreender a estratégia da empresa, ou seja, seus planos para desenvolver e sustentar uma posição vantajosa no mercado. Em resumo, devem evoluir de uma perspectiva "de baixo para cima" (enfatizando a conformidade e as funções de pessoal tradicionais), para uma perspectiva "de cima para baixo" (enfatizando a implementação da estratégia).

A compreensão de como as pessoas e processos dentro da organização efetivamente criam valor é o ponto de partida. Essa análise revelará os tipos de comportamento geralmente necessários em toda a empresa e os que se revestem de valor específico em pontos críticos da cadeia de valor.

Sem dúvida, "o que é medido é gerenciado – e o que é gerenciado é alcançado". Mas, realmente, até que ponto é verdadeira essa afirmação? Será que a mensuração dos processos organizacionais resulta em vantagem competitiva? Sim, acreditamos que sim, entretanto poucos (de GP ou de outras áreas) são muito competentes nesse assunto.

Como os "vetores de desempenho" que agora se encontram sob controle gerencial, todo o sistema de mensuração do BSC estimula os gerentes a se envolverem ativamente no processo de implementação da estratégia, em vez de simplesmente monitorarem os resultados financeiros. Ao especificar os indicadores vitais dos processos internos, avaliá-los e divulgar rotineiramente entre os colaboradores, com base nesses critérios, os gerentes garantem que toda a organização participe da implementação da estratégia. Assim, a abordagem do BSC transforma a estratégia em tarefa de todos. São dois os importantes objetivos dos sistemas de mensuração eficazes: orientar o processo decisório em toda a organização e constituir a base para a avaliação de desempenho.

Os profissionais de GP estão agora em condições de se transformar em gerentes de numeradores (contribuindo para as receitas), deixando de ser apenas gerentes de denominadores (cortando custos). No entanto, para exercer essa influência sobre o desempenho da empresa, o sistema de GP deve ser parte integrante do processo de implementação da estratégia da organização, o sistema gerencial mais amplo, de importância crítica para a vantagem competitiva sustentável e para o sucesso financeiro duradouro, exigindo assim que os profissionais desenvolvam novas competências.

Alinhamento, como medir?

Primeiro, deslocar o foco dos indicadores operacionais tradicionais para os indicadores estratégicos e, segundo, desenvolver indicadores de alinhamento que sirvam como indicadores antecedentes no BSC de GP. Utilizando o termo de Kaplan e Norton, é preciso ser uma "organização orientada para a estratégia". Para tanto, ainda é necessário que a empresa compreenda a implementação da estratégia como um processo equilibrado de criação de valor, em vez de simplesmente um exercício de controle financeiro.

O alinhamento concentra-se nas competências necessárias à implementação da visão compartilhada do potencial estratégico de GP. Caso deseje desenvolver GP como ativo estratégico, a organização precisará raciocinar de duas maneiras sobre o alinhamento. A primeira refere-se ao alinhamento entre o sistema de GP, que produz os principais produtos de GP, e as exigências impostas pelo sistema de implementação da estratégia da empresa. A segunda trata do alinhamento entre as expectativas quanto ao papel da função de GP e as competências individuais necessárias para que a função de GP realmente corresponda a tais anseios.

O BSC de GP deve incluir um conjunto de indicadores destinados a avaliar o grau de alinhamento externo entre o sistema de GP e as exigências do processo de implementação da estratégia da empresa. Ao construir o BSC de GP da empresa, chega-se a um desenho do sistema estratégico de GP com eficácia. Ao escolher indicadores para avaliar o alinhamento, é preciso considerar dois fatores: escala e perspectiva. Escala refere-se às ferramentas de mensuração específica, escolhidas. Perspectiva trata de pontos de vista individuais.

O alinhamento situa-se nos olhos do observador. Representa a ligação entre GP e o resto da organização. É bem possível que para você, o sistema de GP de sua empresa esteja alinhado com os necessários produtos de GP, mas se o resto da organização não percebe a situação da mesma maneira, não se tem alinhamento.

O desempenho humano estratégico nas organizações é função

de três elementos inter-relacionados: habilidades, motivações e foco estratégico dos colaboradores. Por que esse alinhamento é tão importante para a estratégia? Porque sem isso a organização não pode esperar que os colaboradores desenvolvam o foco estratégico necessário à implementação da estratégia.

Desenvolver um BSC de GP e sua efetiva implementação são duas coisas diferentes. Um BSC de GP de alta qualidade não é suficiente para garantir o sucesso. Sem aceitação, essa iniciativa de mudança talvez comece com entusiasmo e vibração, mas rapidamente perderá o vigor. A maioria das iniciativas de mudança não atinge suas metas. As intervenções – não importa o quão bem intencionadas ou cuidadosamente planejadas – são de implementação muito mais difícil do que em geral se imagina. Os problemas na implementação da mudança decorrem não da má compreensão sobre o que fazer, mas da falta de disciplina sobre como fazer.

Disciplina, essa é a palavra-chave para o sucesso da implementação de um BSC de GP em uma empresa alinhada aos objetivos pessoais dos colaboradores. As ferramentas apresentadas aqui são válidas, pois já foram implementadas em várias empresas, porém, qual o custo de tal implementação? Olhando de outra ótica, pode-se afirmar não ser possível obter sucesso sem investir. A empresa pode ter por objetivo dobrar as vendas em cinco anos, mas se não investir, não conseguirá atingir esse objetivo com a condição atual.

Em empresas grandes, o sucesso parece ser mais provável, visto que as mesmas têm condições de investir no seu desenvolvimento e implementação, mas e as empresas pequenas? As empresas de pequeno porte também podem desenvolver estratégia de sucesso. Entretanto, é indispensável que o líder esteja mais envolvido em todo o processo, e hoje isso nem sempre acontece. Os administradores de empresas de pequeno porte tendem a centrar seus esforços na área comercial e, consequentemente, dão pouca ênfase ao desenvolvimento das pessoas. Essa visão se reflete bem na remuneração, hoje os que ganham mais nas empresas pequenas são os responsáveis pela área de vendas.

Concluindo, com a preocupação correta e boas ferramentas de mensuração, a arquitetura de GP pode significar a diferença entre uma empresa que apenas acompanha a concorrência e outra que dispara na dianteira. À medida que o alcance de desempenho superior nas companhias depende cada vez mais dos colaboradores, estimular efetivamente as habilidades e produtividade dos colaboradores críticos torna-se uma questão primordial.

Amauri Nóbrega

Palestrante, *coach*, escritor e especialista em estratégia e finanças. Atua há mais de 20 anos na área de tecnologia e desenvolvimento do Capital Humano. É um palestrante requisitado nas áreas de Estratégia, Mudança e Desenvolvimento Organizacional; Gestão de Pessoas; Finanças; Empresa Familiar e Sucessão. É graduado em Administração de Empresas com especialização em *Marketing* e MBA em Controladoria e Finanças Empresarial. Sócio e fundador da Cinco Global. Tem experiência em diagnósticos de negócios, planejamento e implementação de estratégias de revitalização e de empresas. Tem amplo conhecimento de metodologia como OBZ, BSC e *turnaround*, e experiências como executivo nas áreas. É colunista da seção de carreira nos portais: CorreioWeb, UAI, Pernambuco.com, DN OnLine, entre outros veículos dos Diários Associados, coautor do *Manual Completo de Coaching* da Editora Ser Mais. É o idealizador, criador e editor executivo do Blog do *Coach*. Hoje o espaço conta com mais de 20 mil acessos por mês. Já foi convidado a participar de diversos congressos e seminários nacionais e internacionais.

Site: www.amaurinobrega.com.br
E-mail: comunicacao@amaurinobrega.com.br
Telefone: (61) 3326-0040

Anotações

4

Gestão de pessoas: a resposta aprendida sobre como deve ser nos tempos da elevação da espiritualidade

Depois que o genial Tom Jobim compôs seu *Samba de Uma Nota Só*, no qual a maior parte da música e letra gravitam em torno de apenas uma nota, tudo ficou possível no que diz respeito a variações intermináveis em cima do mesmo tema. E deve ter sido com base nessa constatação que se produziu uma enxurrada de "tipos", "modelos", "fórmulas" e autossupostos geniais paradigmas para a natureza da Gestão de Pessoas. No entanto, o que realmente deveria ser visto e ouvido continua esquecido num canto, como se não tivesse importância alguma: as pessoas

Benedito Milioni

Já tivemos que nos inspirar, segundo os escritores pautados pelo *marketing* de suas editoras, em gansos, marrecos e felinos para exercer a gestão dos nossos semelhantes com eficácia. Dezenas de livros nos sugeriram seguir os mesmos passos de profetas, santos e ungidos pelo Senhor, isso quando ainda nos recuperávamos da super oferta de uma série de modelos de liderança cujos títulos cabiam em qualquer palavra ou conotação com esplendores do hipermágico, quando não com o misterioso que se seguisse ao termo "liderança": manuais de guerra foram e estão sendo citados como referências infalíveis sobre como conduzir pessoas e são lidos como se fossem textos escritos por quem de fato estava comprometido com a felicidade humana (como pode uma coisa tenebrosa como a guerra, em cujas garras morrem seres humanos, inspirar a condução feliz de seres humanos?).

Resumindo a indigesta sopa de ingredientes esdrúxulos: foi sugerido escolher desde o "líder espiritualizado"[1] até o "líder por diretrizes"[2], passando, todos pelo "líder mentalizador"[3] e pelo "líder endócrino"[4].

E deixo de citar os modelos de condução escritos por figuras felizmente distantes, "reais especialistas" em seres humanos como Che Guevara, Mao Tse Tung, Adolf Hitler, Josef Stalin, dentre os de menor expressão nauseante...

Há algo esquisito nessas formulações sobre a condução de pessoas, a começar pela dificuldade de escolher entre "gestão" e "liderança", como se uma fosse possível sem a outra! Mais estranho ainda é supor que a cabeça e os sentimentos das pessoas são campos de prova, nos quais valem todos os experimentos, dos míticos/místicos, ao descalabro de pesquisar os processos de liderança no sistema prisional para entender como um "xerife" de um pavilhão conduz com tanta eficácia seus colegas ou como um traficante preso em sua cela pode comandar toda a estrutura de seus sequazes e equipes de linha de frente, paralisando de medo uma cidade com 12 milhões de pessoas durante um dia inteiro de uma quarta-feira.

Nos últimos quatro anos li todas as biografias de homens e mulheres que se destacaram na História: além dos megaempresários de sempre, olhei com atenção a vida e crenças de vultos como Stalin, Hitler, Mussolini, Mao Tse Tung, Golda Meir, Margareth Tatcher, A. Lincoln, Rainha Elisabeth, Churchill, F. D. Roosevelt, H. Truman, J. F. Kennedy, Luiz Inácio Lula da Silva, Duque de Caxias, Gorbachev, Luis Carlos Prestes, Marquês de Pombal, os Bórgias, Imperador Hiroito, Lênin, George Washington, Papa João Paulo II, Krushev, Getúlio Vargas, Trotsky, Eva Perón, Che Guevara, Fidel Castro, San Martin, Bolívar, Pancho Villa, Lord Cronmwell, Calvino, Átila, Maomé, Napoleão, Karl Marx, Alexandre da Macedônia, Cleópatra, Cesar, De Gaulle, Anita

[1]Líder que está mais para guru de seitas religiosas do que para condutor de equipes em empresas e instituições do mundo, digamos, "normal".
[2]Líder que se faz obedecer brandindo um robusto livro de regras e diretrizes, algumas das quais impõem ao colaborador até mesmo quando e como deve dizer "bom dia" para os poderosos da empresa.
[3]Líder que leva seus seguidores a uma sintonia por via de estado alterado de consciência.
[4]Líder que se faz seguir por sua capacidade de ativar respostas hormonais no corpo dos seus seguidores/colaboradores/influenciados ou seja lá o que venham a ser!

Garibaldi, Czar Nicolau, Jesus Cristo, Princesa Isabel, Moisés, Capitão Virgulino Pereira, Einstein, Antonio Conselheiro, Jânio Quadros, The Beatles, Dom Pedro I, Dom João VI, Dom Pedro II, Marechal Hermes da Fonseca, Juscelino Kubitschek[5] e assim vai. Como aprendi sobre os erros e acertos dessa gente que, concordemos ou não com seus atos e ideias, transformaram o mundo em que vivemos hoje.

Recentemente, li com redobrada atenção, espírito crítico ativado em seu grau máximo e, depois, consultei muito da bibliografia citada pelos autores de dois livros saborosos: *Guia Politicamente Incorreto da História do Brasil*, de Leandro Narloch e *Guia Politicamente Incorreto da América Latina*, de Leandro Narloch e Duda Teixeira, ambos da Editora Leya. Difícil não ficar impressionado com alguns indicadores da fragilidade de muitos homens e poucas mulheres que passaram pelas afiadas pesquisas documentais dos autores e, mais difícil ainda é não se deixar seduzir pelo perfil de quase canonizáveis seres que encontramos nos livros oficiais de História.

Buscando respostas ou mesmo perguntas para que eu dispusesse de material para um livro semiacabado, cujo título provisório é *Liderança Prática*, guardei com todo o cuidado um poema atribuído a Isaac Liberman, a que tive acesso por conta das muitas navegadas pela *internet*. Dele, extraí o trecho abaixo que fecha o arrazoado inicial desse artigo e abre as portas para que eu registre o que vi, ouvi e aprendi com as pessoas, em alguns milhares de cursos sobre Liderança que montei e coordenei:

Precisa-se de pessoas que construam suas equipes e se integrem nelas.
Que não tomem para si o poder, mas saibam compartilhá-lo.
Pessoas que não se empolguem com seu próprio brilho,
mas com o brilho do resultado alcançado em conjunto.

Precisa-se de pessoas que enxerguem as árvores,
mas que também prestem atenção na magia da floresta.
Que tenham a percepção do todo e da parte.
Seres humanos justos, que inspirem confiança
e demonstrem confiança nos parceiros estimulando-os, energizando-os,
sem receio que lhe façam sombra e sim orgulhando-se deles.

Precisa-se de pessoas que criem em torno de si um ambiente de
entusiasmo de liberdade, de responsabilidade,
de determinação, de respeito e de amizade.
Precisa-se de seres racionais.
Tão racionais que compreendam que sua realização pessoal.
Está atrelada à vazão de suas emoções.

[5]Listei os vultos biografados sem qualquer ordem de importância ou cronológica, exatamente como me vinham à cabeça, para não correr o risco de parecer mais ou menos entusiasmado como esse ou aquele!

Benedito Milioni

É na emoção que encontramos a razão de viver.
Precisa-se de gente que saiba administrar COISAS e liderar PESSOAS.
Precisa-se urgentemente de um novo ser.
(**Isaac Liberman**)

As três linhas que destaco no texto, grifando-as, resumem exatamente o que penso e venho defendendo em todas as oportunidades de que disponho, inclusive nesta, gentilmente cedida pelos editores e amigos da nossa ***Ser Mais***: gestão de pessoas passa, necessariamente, por um processo de libertação das seculares prisões da tutela emocional, da sujeição comportamental e da terrível negação do elementar direito da liberdade de pensar, agir e de escolha.

E a pior de todas as penas a que se condenam as pessoas é o reducionismo que se identifica em torno de muitas abordagens sobre o fenômeno da liderança, como se as pessoas fossem eternas e rebeldes crianças, a exigir tutela, em risco permanente de receber punições, ou apenas primatas com um "genezinho" a mais (não os dois que temos em relação aos ancestrais, segundo a Engenharia Genética, sem ofensas...). Não cito a obra, para não lhe dar o valor que não tem, muito menos enodoar esse artigo, mas o negócio é que dia desses deparei-me com um livreco em um quiosque de aeroporto, o qual sugeria técnicas de hipnose para convencer uma equipe a seguir as instruções do seu dirigente. Pensei que já tinha visto tudo depois de ter lido um artigo de um desses "estudiosos de fancaria", no qual insistia na sua tese de que temos a aprender com a organização social das formigas, abelhas e coleópteros, notadamente o papel dos indivíduos que nela ocupam a posição de comando.

As pessoas têm alma, espírito e são, a meu ver, 75% água na estrutura corpórea para que tenham a leveza que lhes permita fluir de dentro de si para todos os cantos, das fronteiras finais do Universo ao mais silencioso espaço do núcleo do átomo e possam, nessa viagem, desenvolver sentimentos e emoções como o único fenômeno que acompanha o Universo na sua expansão a 300.000 quilômetros por segundo.

Em todos os eventos de que participei, seja como facilitador ou como aprendiz, sempre ouvi mais do que falei, perguntei muito e ponderei atentamente sobre o que me foi dito em resposta. Fiz sempre três perguntas:

- O que mais doía na relação mando/obediência em todas as dimensões da existência em estruturas organizadas?
- O que sempre esperaram receber dos seus dirigentes e jamais obtiveram?
- O que lhes faria acreditar numa pessoa a quem se reportassem

formalmente?

Ouvi, como resposta, desde o silêncio da perplexidade, pelo inusitado da pergunta, passando por relatos amargos de experiências vividas e intensamente sofridas e muitas vezes contemplando o brilho nos olhos pela alegria em compartilhar detalhes de convivência com gestores inesquecíveis. E o que obtive está no que relato, no que se refere às pessoas, quanto a serem geridas, querem, sonham, contemplam e esperam ser:

a) Tratadas como um fenômeno singular, que não cabe em moldura alguma;

b) Reconhecidas como seres espirituais e não como complementos biológicos de sistemas técnico-administrativos;

c) Ouvidas e acatadas quanto ao que tenham para dizer, mesmo que não saibam exatamente se o que pensam seja tão verdadeiro que até elas mesmas acreditem;

d) Respeitadas incondicionalmente: mesmo que em erro flagrante e comprovado, que lhes seja assegurado o tratamento respeitoso;

e) Levadas a acreditar no que fazem, com quem fazem e para quem fazem e de forma serena, sem imposição, deixando-lhes incólume a sabedoria da escolha;

f) Reconhecidas, notadas e valorizadas em todo o esplendor da sua obra, que por mínima que seja, é única e, num dado, momento absoluta;

g) Orientadas quando em erro, jamais punidas ou estigmatizadas;

h) Protegidas nos momentos difíceis e desafiadas nas jornadas quase impossíveis;

Finalmente: gerir pessoas é um ato de recriação delas mesmas, ouso até afirmar que um complemento da obra divina, portanto em nada se subordinando a fórmulas superficiais ou compostos manipulativos. As instituições e as pessoas que nelas respondam por cargos e funções que as coloquem no ato de gerir as demais, devem repensar o valor das fontes onde buscam critérios, técnicas, possíveis caminhos ou até mesmo leve inspiração para, enfim, fazer evoluir do capital humano (potencial, portanto) para patrimônio humano (forma definida, concreta).

Benedito Milioni

Graduado em Sociologia e Administração, 41 anos de carreira em RH, autor de 27 livros, 25 manuais técnicos e coautor de oito livros. Dirigiu treinamento para mais de 3.150 grupos com cerca de 71.000 *trainees*. Participa regularmente como conferencista sobre Tecnologia de Gestão em T&D em eventos nacionais e internacionais. É Diretor Técnico da ABTD Nacional (Associação Brasileira de Treinamento e Desenvolvimento), pela qual foi o Coordenador Científico de diversos congressos e membro da Comissão Científica em 2005, 2006 e 2007. *E-Member Internacional* da ASTD (*American Society for Training and Development*). Publica cerca de dez artigos técnicos por mês, seja em jornais, revistas especializadas ou portais da *internet*. Prestou serviços a mais de 340 empresas, no Brasil e no exterior (América Latina, América Central, África e Europa). Júri de prêmios de Excelência na Gestão de Pessoas. *Publisher* da *Gestão de Pessoas em Revista*.

E-mail: milioni@milioni.com.br
Site: www.milioni.com.br
Telefones: (11) 9909-5858 / (11) 3337-2557

Anotações

5

A liderança e o compromisso com a excelência na Gestão de Pessoas

O que esperam de um verdadeiro líder? Quais passos e caminhos seguir para, através de um verdadeiro trabalho de mudanças, conseguir atingir as pessoas de uma maneira positiva e, com isso, alcançar bons resultados para você e sua empresa? Qual o verdadeiro sentido da busca pela excelência? Isso e outras coisas é o que o presente artigo se propõe a responder

Bruno Krug

O compromisso com a excelência não é apenas o de ter uma empresa organizada, limpa, enxuta e lucrativa, tampouco é apenas planejar, atender bem os clientes, saldar os compromissos ou algo similar. Comprometimento com a excelência é tudo isto e muito mais: é uma questão de ter valores elevados que sejam seriamente seguidos, ter uma atitude estratégica, um compromisso pessoal de fazer acontecer, mas sempre de forma eficaz e na hora certa.

Liderança com foco na excelência com certeza passa pela capacidade de conseguir reunir profissionais competentes, motivados e atenciosos e, para isto, precisamos saber exercer a liderança na gestão de pessoas com foco na excelência, no humanismo e na lucratividade.

Um líder comprometido com a excelência é, antes de tudo, aquele que tem uma visão motivadora que inspira os que ali trabalham a buscar a excelência em tudo o que fazem, bem como em suas relações com os demais, sejam eles colegas, superiores, clientes, acionistas ou outros. Não devemos confundir a busca da excelência com definições bonitas de visão, missão e objetivos, por mais que isto seja muito importante quando feito com seriedade e desejo de melhorar. Mais importante do que estes conceitos, é ter capacidade de conseguir promover uma mentalidade de busca de resultados, melhorias contínuas, inovação e excelência, promovendo uma cultura que inspire o comprometimento dos profissionais, pois são eles que vão fazer a real diferença entre um trabalho, produto ou serviço comum ou de excelência.

Este papel é o que compete e se espera de um verdadeiro líder. Por isso mesmo deve começar pelo exemplo daqueles que assumiram o desafio de liderar uma equipe ou uma empresa, o que implica serem capazes de mobilizar as pessoas na busca de algo maior, mais elevado e grandioso.

A busca da excelência deve ser uma força mobilizadora poderosa, que motive os profissionais a superarem os desafios constantes, bem como conseguirem aprimorar continuamente suas atitudes e seus resultados, de forma a satisfazer ou superar as expectativas de todos os envolvidos, principalmente dos seus clientes.

É uma luta contra a mediocridade, o conformismo e o negativismo, inimigos diretos da inovação, da evolução e da excelência. Lembre-se de que as empresas podem ser pequenas, mas a mente das pessoas que ali trabalham deve ser grandiosa, visionária e ousada. Quando as pessoas sonham juntas e seus sonhos são estimulados, com certeza estas farão coisas extraordinárias e isto fará a grande diferença não só nas empresas que trabalham, mas também na vida daqueles que convivem com eles e na sua comunidade.

Para isso é preciso que pessoas assumam verdadeiramente o seu papel de líder, criando propósitos, compartilhando objetivos e contribuindo com o trabalho e a vida dos demais. Líderes que agem desta forma, efetivamente são o exemplo de determinação, dedicação e positividade na ação. Devem respeitar cada ser humano, ainda que haja discordância entre suas ideias e comportamentos, e precisam estabelecer as metas juntamente com suas equipes, pois somente assim terão o comprometimento destas na busca pela excelência.

Assim, na medida em que a empresa possui líderes que motivam a busca da excelência, ela também passa a satisfazer mais seus clientes, obtendo melhores resultados e firmando-se no mercado. Com isso, pode capacitar e pagar melhor seus funcionários, contribuir mais com a comunidade e saber que realizou sua missão. Isso tudo porque houve um verdadeiro comprometimento com a busca da excelência, com seus clientes e colaboradores.

Um verdadeiro líder também sabe que deve assumir uma atitude mental positiva e um comportamento direcionado à busca de soluções, procurando sempre melhorar a realidade, por mais difícil que isso possa ser, o que significa transformar positivamente o seu local de trabalho, cuidando para mantê-lo limpo e organizado, deixando-o com mais beleza e harmonia, mas, acima de tudo, criando um clima positivo, onde as pessoas sintam prazer de trabalhar, de se ajudar como pessoas e de colaborar ativamente como colegas profissionais. Portanto, observe as suas atividades profissionais do dia a dia e, em vez de apenas ver os problemas e erros que existem, pense como se a empresa fosse sua e busque encontrar uma maneira de melhorar o que fazem, de corrigir o que está errado e de simplificar aquilo que é feito.

Veja as pessoas como indivíduos únicos e busque o melhor lugar para cada uma delas, onde produzam mais e melhor, ao mesmo tempo em que possam sentir-se mais realizadas e felizes. Respeite a individualidade e promova a diversidade em sua equipe. Os resultados comprovam que pessoas motivadas e comprometidas geram ideias diferentes, diminuem conflitos e perdas, produzem mais e melhor, gerando maiores ganhos para todos.

Portanto, faça as suas escolhas com a sabedoria e a inteligência de um verdadeiro líder, assumindo tornar a sua vida e o seu futuro bem mais felizes. Ao mesmo tempo, busque ajudar a elevar a consciência e o padrão de vida dos demais, gerando uma vida mais plena de realizações, bem-estar e felicidade.

Seja sempre um exemplo real de dinamismo, competência e otimismo, de modo que olhem você como um modelo positivo de pessoa e de profissional, sentindo-se orgulhosos de trabalhar ao seu lado. Lembre-se de que o ritmo do líder determina o ritmo da equipe. Cultive o espírito de realização focando-se na excelência e não na perfeição, pois esta compete a Deus, mas aos homens resta a busca constante da evolução e do aprimoramento contínuo.

"Liderança e aprendizado são indispensáveis um ao outro."
John Kennedy

"Liderança é ação, não uma posição. Ninguém é líder por estar num cargo, mas sim por assumir um exemplo positivo perante os demais."
Bruno Krug

Bruno Krug

Sua grande experiência de mais de 26 anos como palestrante, consultor empresarial e terapeuta holístico lhe permite trabalhar com temas direcionados ao desenvolvimento de lideranças, ao aprimoramento gerencial, ao fortalecimento e motivação de equipes para superar os desafios e ajudar a encontrar soluções para obter maior excelência e lucratividade. Na área terapêutica possui formação em *Master Practitioner* em PNL, Hipnose Ericksoniana e Clínica, Terapia Floral de Bach, Instrutores de Yoga, Acupuntura, Terapia da Linha do Tempo, Regressão, Controle Mental e outros. Graduado em Administração de Empresas, cursando MBA em Gestão Empresarial pela FGV, além de diversos cursos nas áreas de Liderança, *Marketing*, Gerência de Equipes, Criatividade Gerencial, Qualidade Total, Administração de Conflitos, Comunicação, Vendas, Relações Humanas, Inteligência Emocional e outros mais. Já ministrou mais de 1.400 cursos e palestras para empresas, universidades e organizações diversas.

Site: www.brunokrug.com.br
E-mail: contato@brunokrug.com.br
Telefones: (55) 3312-5477 / (55) 8142-5600

Anotações

6

Liderando com a essência: um olhar ampliado para novas atitudes do nosso tempo

Por que atualmente tanto se fala sobre liderança? Qual o mistério envolvido nesse tema? Quais os novos olhares possíveis? Que descobertas e *insights* ainda podem surgir?

Carolina Steiner

Carolina Steiner

"Seja a mudança que você deseja ver no mundo."
Mahatma Gandhi

Mais uma vez, liderança? Ainda que faça parte das inquietações e reflexões humanas desde antigamente, continua tratando-se de um mistério, pois a cada período evolutivo há muito que se discutir e que se descobrir sobre liderança.

Costumo dizer que para liderar alguém, precisamos liderar a nós mesmos. E esse é o grande desafio. Como é árduo trabalharmos em nosso autoconhecimento e autodesenvolvimento! Acredito que esse seja o *insight* que falta para os líderes atuais: a compreensão de que ao se desenvolver a disposição interior para as descobertas e reflexões acerca de si mesmo, abre-se caminho para uma verdadeira liderança. Como se diz com frequência, liderar é ser o exemplo.

Nesse sentido, é possível que haja uma importante mudança de perspectiva: a de focar em si próprio, concentrando energia no auto-observar permanente e na transformação individual. Como exemplos, vejamos os grandes líderes reconhecidos mundialmente, como Jesus Cristo e Mahatma Gandhi. Ensinaram-nos, por meio de seus comportamentos e atitudes, que eram evidenciados, esclarecidos e reforçados por suas palavras e princípios. E, ao pararmos para pensar, percebemos que as atitudes são o que mais nos toca, ensina e mobiliza, muito além das palavras que, se não vivenciadas, tornam-se simplesmente retórica. Com esse movimento individual, que ocorre de dentro para fora, podemos criar condições para uma liderança efetiva, que leva ao desenvolvimento coletivo.

Como percebemos o papel da liderança hoje?

Em uma visão mecanicista das organizações, poderíamos imaginar que habilidades ligadas a planejamento, organização, direção e controle fossem suficientes para os líderes de nosso tempo, sendo ainda lapidadas por competências como administração do tempo, gestão de recursos, processos, projetos e tomada de decisão. No entanto, numa visão mais orgânica, o exercício da liderança necessariamente exigirá competências mais ligadas às relações e à identidade das pessoas e organizações.

Enxergar as organizações como seres vivos significa compreender que podem evoluir e crescer. Isso se dá a partir do desenvolvimento das pessoas e relações que as compõem. Portanto, os líderes que verdadeiramente estão dispostos a abarcar esses conceitos e essa visão ampliada em sua atuação, devem começar por si mesmos. Partindo de si, poderão aprimorar e aprofundar suas relações com subordinados, pares, superiores, clientes, fornecedores e parceiros, além de suas relações pessoais.

Como trilhar esse caminho?

Para trilharmos um caminho genuíno de desenvolvimento, devemos estar disponíveis para acessar a nossa essência, o nosso verdadeiro EU. Um aspecto fundamental nesse processo é a **integração entre nosso pensar, sentir e querer** que, consequentemente, possibilita um **agir coeso, íntegro e fortalecido**. Essa integração, que inclui nossas dimensões mais sutis, parece algo simples, corriqueiro e natural, mas nem sempre é assim.

Imaginemos um exemplo:

Digamos que eu ***pense*** *que para me tornar um líder diferenciado e competente eu deva estar disposto a desenvolver relações saudáveis com as pessoas.*

Em contrapartida, digamos que eu ***sinta*** *um desconforto inexplicável em me aproximar das pessoas, em me abrir, em escutá-las verdadeiramente. E, quando aprofundo o sentimento, percebo que sou tomado por um medo de não saber lidar com o novo e desconhecido.*

Para completar, percebo que o que realmente ***quero*** *é ser promovido e, para isso, devo ser bem avaliado pelo RH e pelo meu líder no papel de gestor de pessoas.*

No dia a dia, minhas ***atitudes*** *aparentam uma liderança focada em pessoas, por minha simpatia e educação; no entanto, com minha equipe, demonstro um comportamento autoritário e distante.*

Pode parecer um exemplo absurdo, mas será que isso acontece? Imagine situações que estejam sendo difíceis de lidar em sua vida. **Você está integrando seu pensar, sentir, querer e agir?**

Quando entramos em contato com o que sentimos e ponderamos nossos pensamentos e desejos, podemos atuar de maneira mais humana, podendo assim desenvolver competências diferenciadas de liderança. Esse olhar interior que nos permite considerar nossas fortalezas e fraquezas, nossas potencialidades e limitações, nos habilita a também olhar o outro com uma atitude acolhedora e compreensiva. Vamos a outro exemplo:

Ao ler um texto que me sensibilizou para o tema da liderança, ***penso*** *que o melhor caminho para me desenvolver como líder é o de começar por mim mesmo, aprofundando meu autoconhecimento, me apropriando de minhas qualidades e trabalhando minhas limitações.*

Sinto-me *angustiado com minha atuação como líder, que está desconfortável, e isso também me traz medo de sofrer, de fracassar, de perder, de não conseguir.*

Então, reforço o ***pensamento*** *de que é possível, de que conseguirei, de que há pessoas que podem me apoiar, há conceitos para me inspirar e ferramentas para me amparar.*

O que ***quero?*** *Sair dessa situação! Dar a volta por cima, percorrer um novo trajeto, me testar em novas atuações, conquistar novas competências.*

Desenvolvo, então, novas ***atitudes*** *com minha equipe. Passo a falar menos e escutar mais. Começo a fazer perguntas e pela primeira vez peço um feedback sobre minha atuação como líder.*

Para conectarmos o **pensar** e o **querer**, devemos entrar em contato com o **sentir**. Os sentimentos podem ser acessados por meio da arte e da troca. São vivenciados em espaços reais de liberdade, onde todos possam expressar-se no seu ritmo para que o potencial individual e coletivo seja aflorado de maneira respeitosa e genuína.

Competências que podem fazer nascer um líder diferenciado

A partir de nosso próprio processo de autoconhecimento percebemos que o caminho de desenvolvimento se faz ao caminhar em sua busca. Entendemos, então, que esse caminhar nem sempre é estável e confortável e que faz parte da natureza humana. Como seria liderar as pessoas a partir dessa compreensão?

Ao ampliarmos nossos horizontes no âmbito das relações humanas, podemos adquirir novas qualidades nas interações. Surgem novos interesses acerca dos outros. Aprendemos uma maneira diferente de administrar o tempo e categorizar prioridades em nossa vida, viabilizando o contato, a comunicação, a escuta ativa, a articulação, a valorização do outro. Assim, pode nascer um jeito distinto de liderar e de fazer o resultado acontecer.

Vamos pensar, então, em algumas indicações que nos permitem ampliar as competências de liderança:

- ***Coaching*** – Atuar como um *coach*, sendo o facilitador do processo de desenvolvimento de sua equipe, desenvolvendo habilidades como: fazer perguntas que levem pessoas a descobrir novas soluções em vez de dar respostas; direcionar reflexões sobre erros, acertos e novas possibilidades de atuação; orientar e treinar, quando necessário; dedicar tempo para conhecer as pessoas com as quais se relaciona, incluindo aspectos ligados a família, *hobbies*, lazer, história de vida, sonhos etc. O líder *coach* pode fazer fluir um ciclo virtuoso de desenvolvimento.

- ***Feedback*** frequente, honesto e transparente – Dar e receber *feedback* são atitudes cruciais para a construção – em caráter eterno, já que não tem fim – das relações interpessoais. O *feedback* é uma ferramenta poderosa de retorno, de compartilhamento, de ampliação das percepções, de correção de rota, de tradução da realidade, de descoberta conjunta. Exercitar-se nessa habilidade e aplicá-la com frequência de modo adequado é uma das tarefas mais desafiadoras do líder atual.

- **Construção de Equipes** – Construir e manter um time que vence de maneira saudável, ética e sustentável tem sido algo reconhecido como primordial e deve ser trabalhado quase que diariamente, com ações que vão do micro ao macro. Formar time é uma tarefa constante e contínua, que exige o estabelecimento de confiança, comunicações efetivas e atenção à qualidade das relações interpessoais.

- **Facilitação e/ou Coordenação de Grupos** – Atuar como um facilitador que possibilita ao grupo a articulação em prol de objetivos comuns, bem como a participação e envolvimento na tomada de decisão – quando isso é possível e adequado – é outro aspecto fundamental e que demanda técnica, vontade e disponibilidade do líder, por não se tratar de uma atuação trivial ou comumente observada nas lideranças de hoje. Normalmente, essa competência é delegada às áreas de Recursos Humanos ou a consultorias externas. O ideal é que seja desenvolvida pelos líderes para que se tornem autônomos e independentes ao utilizarem-na em trabalhos do cotidiano – deixando o apoio externo de RH e consultorias para ser utilizado em eventos de grande porte ou situações complexas.

- **Desenvolvimento Organizacional** – Ao facilitar o desenvolvimento dos indivíduos e suas relações, pode-se liderar o desenvolvimento das organizações por meio da evolução de sua identidade – missão, visão, valores, cultura e biografia. Fazem parte desse processo a transformação cultural e a gestão de mudanças. [*Caso queira ler um pouco mais sobre este tema, acesse o artigo "Transformação cultural: reflexões e proposições" no blog da autora – vide website no currículo*].

Acredito que essas competências são o ponto de partida para uma **liderança mais humana e espiritualizada.** Na empresa, a espiritualidade é tudo o que não pode ser controlado por pertencer aos indivíduos, como ideias, valores, conhecimento, motivos e relações. E nas pessoas, tudo o que reflete a essência espiritual, o verdadeiro EU, que inclui as forças da alma – pensar, sentir e querer (MOGGI e BURKHARD, 2004).

Quero concluir a perspectiva de liderança trabalhada neste artigo com uma visão da pedagogia social à luz da Antroposofia. Os líderes de qualquer tipo de organização têm papel essencial no desenvolvimento das sociedades e da humanidade, e o desenvolvimento social se dá por meio de uma visão trimembrada, cujas perspectivas são: jurídica, econômica e espiritual, que devem estruturar-se livremente a partir de seus próprios princípios.

Na vida espiritual, amparada pelo princípio da liberdade, cada ser é livre para escolher e percorrer seu próprio caminho de desenvolvimento. Na vida jurídica, com o princípio da igualdade, todos os cidadãos possuem os mesmos direitos. E, na vida econômica, o princípio da fraternidade fortalece a noção de que todos trabalham para todos, numa rede saudável e sustentável de relações profissionais. Os princípios de liberdade, igualdade e fraternidade devem ser aplicados na vida espiritual, jurídica e econômica, respectivamente, a partir das forças da personalidade livre, para assim contribuírem efetivamente com o caminho evolutivo da humanidade.

Com isso, concluo propondo a seguinte reflexão:

E se você, como líder, se propuser a facilitar o desenvolvimento das pessoas, organizações e sociedades a partir de seu autoconhecimento e autodesenvolvimento? Como isso pode ser viabilizado? Qual a sua disposição interior para contribuir com a humanidade por meio de seu próprio caminho de evolução?

Fica o convite para que cada um, ao seu modo, no seu ritmo e no seu ambiente, possa iniciar um caminho integrado, genuíno e diferente.

Para reflexão:

O que faz sentido para você e por quê? O que não faz sentido e por quê?

Que *insights* surgiram? Que novas atitudes e competências você quer desenvolver? Como realizará esse objetivo? Como acompanhará seu progresso? Quem pode te apoiar nesse caminho?

Bibliografia:

MOGGI, J., BURKHARD, D., *Como Integrar Liderança e Espiritualidade*. São Paulo: Campus/Elsevier, 2004.

SCHEIN, E. H., *The Corporate Culture Survival Guide*. Cambridge, MA: Jossey-Bass, 2009.

HUNTER, J. C., *O Monge e o Executivo: uma história sobre a essência da liderança*. Rio de Janeiro: Sextante, 2004.

BOS, A., *Desafios para uma Pedagogia Social*. São Paulo: Antroposófica, 1986.

Carolina Steiner

Consultora organizacional, *coach* e sócia-fundadora da Steiner Desenvolvimento Organizacional Integrado. Trabalha desde 1997 com desenvolvimento humano e organizacional e atualmente tem foco em elaborar e implantar programas de desenvolvimento organizacional e gestão de mudanças, além de coordenar processos decisórios em grupo e facilitar *workshops* e treinamentos. Atuou nas áreas de Recursos Humanos de empresas como Novartis, Ultragaz/ Grupo Ultra e DuPont. Administradora de Empresas (PUC/SP), com formação e aprofundamento para Consultores e Líderes Facilitadores (Adigo) e participação em diversos cursos ligados à liderança, *coaching*, gestão de projetos, comunicação e efetividade organizacional. Nos últimos anos, vem seguindo conceitos e metodologias com base antroposófica. Sua principal motivação está em atuar no desenvolvimento de indivíduos, equipes e relações, contribuindo com a transformação das organizações.

E-mail: carolina.steiner@steinerdesenvolvimento.com.br
Site: www.steinerdesenvolvimento.com.br

Anotações

7

O Mágico Despertar do Talento

O mágico despertar do talento é uma abordagem prática para fomentar nos profissionais de RH uma visão do que é necessário mudar para que o futuro da Gestão de Pessoas seja diferente. Atualmente, vivemos um "tempo de trevas", dada a escassez de bons profissionais para atender às demandas de empresas de todos os segmentos. Precisamos agir agora para que seja despertado o talento nas gerações futuras

Daniel Bizon

"- Socorro! Algum talento aí para nos salvar?"

Isso mesmo. Socorro. Quando se fala em Gestão de Pessoas no Brasil, são muitos os pedidos de socorro. É o que ouço dos profissionais de RH em minhas conferências pelo país. Eles têm algo em comum: o desafio de contratar gente competente. Soa patético, mas é verdade. Por incrível que pareça, profissional realmente bom é uma "joia rara". E os currículos "turbinados" continuam em alta. Junto com a "explosão" das universidades, nasce a "síndrome da formação obsessiva". Parece ser uma espécie de compensação ao talento que não apareceu nas pessoas, então o jeito é investir na formação. "Vamos nos qualificar, né? O mercado está precisando". Cinco MBA´s, um mestrado, um doutorado, fluência em duas línguas e depois da contratação... Crash! Lá está o problema. Descobre-se, mais uma vez, que o sujeito não tem competência, já está desmotivado e tornou-se mais uma mina de conflitos na empresa. A verdade é que não dá para querer que "saia suco numa máquina de churros", não é mesmo? Se o sujeito não tem talento, esperar que ele dê resultado é loucura.

Muita gente pensa que a raiz destes problemas está no recrutamento, no processo seletivo. Outros dizem que é na escola. Mas o problema está mesmo é na formação. Entende-se por formação os diversos estímulos que o indivíduo recebe na vida, inclusive da escola. Mas não só dela. Mesmo com suas limitações, a escola é considerada uma das salvações da sociedade. Sem ela tudo estaria perdido. Mas sem talentos também estará. As evidências mostram isso. É muita gente no caminho errado. Os professores têm todo seu mérito, mas o modelo de educação tradicional constrói parte dos paradigmas do mercado. Preparar as pessoas para o vestibular e não para a vida é um deles. Na prática, o ensino é focado em preparar o aluno para ingressar na universidade e ponto final. Áreas do conhecimento que não fazem parte da grade curricular padrão ficam fora dos estímulos que os alunos recebem. E a solução não é simplesmente inserir aula de artes na grade, mas criar oportunidades para que o aluno aprenda a pensar, a sentir e a vivenciar realidades. Empreendedorismo, educação financeira (matemática aplicada à vida como ela é), autoconhecimento, arte, negócios, relações e meio ambiente são exemplos de disciplinas que não fazem parte da educação de base tradicional. Os pais também podem e devem facilitar esse processo. Oportunidade para o talento se cria dentro e fora da escola. Proponho um repensar da educação e também o repensar do papel dos pais, dos educadores e do próprio aluno no despertar do talento. Formação = escola + pais + oportunidades.

Uma visão mais holística elevará o número de pessoas que têm "aquela pegada" no trabalho; o famoso "brilho nos olhos", que vem da paixão em realizar. Aquele senso de missão, muito presente na vida de quem tem um negócio próprio motivado por um sonho. Empreendedores aprendem a transformar o talento em um negócio próprio. Trabalhadores das empresas também podem fazê-lo.

Separar sonho de profissão é um estigma que tem origem na sociedade industrial. Foi quando se separou o trabalho da vida. Nasce aí o paradigma do trabalho para sobrevivência e a arte para diversão. Na era industrial, transformamos o ser humano em robô, separando a vida em extratos. É muito comum vermos os jovens se perguntando qual área dá dinheiro e, para completar, muitos pais deixam escapar o famoso "meu filho vai ser médico, advogado, engenheiro...". O interessante é que eles nunca mencionam profissões que não estejam na lista das tradicionais, como se o futuro profissional fosse garantido pela intenção dos pais. Já vi casos da criança dizer que vai ser médico e quando perguntei o motivo, a resposta foi o clássico "porque dá muito dinheiro!". Ora, quem não quer ganhar muito dinheiro? Se o talento da pessoa permitir que ela seja médica, ótimo. Vá com Deus! Mas, pergunto: qualquer cidadão será competente para ser um exímio cirurgião só porque dá dinheiro? A começar pela frieza de abrir uma pessoa com o bisturi.

Cena similar se repete em várias profissões. A medicina é um exemplo que ilustra bem a relevância do talento, mas este é essencial para toda e qualquer área. A incompetência continua assombrando o mercado porque as pessoas continuam optando pelo que "dá dinheiro" ou o que o pai "acha bonito". Uma coisa é ter diploma. Outra coisa é saber fazer. Profissionais exitosos, como empreendedores ou como empregados, mostram que o sucesso não é determinado por atuar nessa ou naquela profissão, mas por saber fazer do talento uma profissão de sucesso. É muito comum os jovens ouvirem afirmações do tipo "Educação Física não dá dinheiro, meu filho!". Ora, o que dizer, então, de Bernardinho, Zé Roberto Guimarães e toda a equipe técnica do vôlei do Brasil? "Música não dá dinheiro, meu filho!". E o que dizer, então, de Luan Santana, Ivete Sangalo, Skank, Jota Quest e Paula Fernandes? Muitos vão dizer que "eles tiveram sorte, eles têm os contatos!". Mas a verdade é que estes artistas descobriram seus talentos, buscaram o caminho e os contatos certos e, é claro, batalharam muito. Pergunte a qualquer profissional vencedor como ele se sente com sua profissão. Pergunte se ele gosta do que faz. As respostas chegarão a ser poéticas. Muito pouca gente está "pisando em terra firme na profissão". Basta perguntar nas universidades quem se sente no curso certo. As respostas impressionam.

Em 2002, Howard Gardner, psicólogo cognitivo da Universidade de Harvard, publicou sua famosa *Teoria das Inteligências Múltiplas*, afirmando a existência de sete inteligências na esfera humana:

1- Inteligência Linguística: é a habilidade de usar a linguagem para convencer, agradar, estimular ou transmitir ideias. É a habilidade dos poetas e bons escritores;

2- Inteligência Lógico-Matemática: capacidade de realizar cálculos com facilidade. Matemáticos, especialistas em finanças etc.;

3- Inteligência Espacial: capacidade de formar um mundo espacial e de ser capaz de manobrar e operar utilizando esse modelo. Marinheiros, engenheiros, cirurgiões etc.;

4- Inteligência Musical: possuir o dom da música, como Mozart;

5- Inteligência Corporal-Cinestésica: capacidade de resolver problemas ou elaborar produtos utilizando o corpo. Dançarinos, atletas, artistas etc.;

6. Inteligência Interpessoal: capacidade de compreender outras pessoas. vendedores, políticos, professores;

7- Inteligência Intrapessoal: capacidade correlativa, voltada para dentro. Habilidade de formar um modelo verídico de si mesmo e de utilizar esse modelo para operar efetivamente na vida. Investigadores, psicólogos, filósofos.

Para Gardner, o propósito da escola deveria ser o de desenvolver essas inteligências e ajudar as pessoas a definir sua profissão, conforme sua estrutura particular de inteligência. Ele propõe uma escola centrada no indivíduo, voltada para um entendimento e desenvolvimento do perfil cognitivo do aluno. Em minha opinião, Gardner está certo simplesmente porque sua teoria reflete a realidade. Na prática, as pessoas são diferentes em suas competências e na forma de aprender.

Mudanças gradativas estão acontecendo em todo o mundo e não é diferente em nosso país. Segundo a matéria "O ponto fraco do ensino forte", publicada na revista Época em 01/08/2011, escolas com propostas alternativas às da escola tradicional têm ganhado espaço e os resultados são evidentes. No Brasil, o método mais difundido é o Construtivista, inspirado nas ideias do psicólogo suíço Jean Piaget. A proposta é que as crianças aprendam em conjunto e sempre usando a realidade de cada um como referência. Outro destaque é a pedagoga italiana Maria Montessori. Fundadores do *Google*, Larry Page e Sergei Brin estudaram em escola montessoriana. Segundo eles, por meio dessa educação aprenderam a trabalhar sozinhos, com ideias próprias. Dizem que o ensino lhes deu liberdade para perseguir seus sonhos e paixões. Outros inovadores da era digital, como Jeff Bezos, da Amazon e Jimmy Wales, criador da Wikipédia, também vieram de escolas montessorianas.

Não é difícil constatar que Gardner, Montessori e Piaget têm algo em comum: priorizam a importância de criar oportunidades para o talento, pois, na prática, as pessoas não são iguais e não desenvolvem competências da mesma forma.

Diante dos fatos, surgem perguntas importantes para os gestores de pessoas:

- Como mudar a realidade da Gestão de Pessoas no futuro, despertando o talento nas novas gerações?
- Quem serão os coautores dessa nova história organizacional?
- Como trabalhar com as limitações e recursos que temos hoje?

Para responder, temos que saber que três coisas bloqueiam o desempenho e o desenvolvimento das pessoas nas empresas:

- Grande parte das pessoas odeia o trabalho que realiza, pois não exerce seu talento ou está exercendo uma função que não é o que sabe fazer;

• Os salários são baixos ou incompatíveis e, mesmo que sejam bons, não motivam pois o sujeito não é movido pela realização do talento que possui, mas pela necessidade de pagar as contas;

• Há cobrança por comprometimento, resultados e superação de metas, mas não há recompensa por isso. Está na moda recompensar com folgas, o que não é recompensa, mas sim um mero alívio para os que odeiam o que fazem.

Para despertar o talento nas gerações futuras, a primeira coisa a ser feita é mobilizar os agentes que podem transformar a formação dos jovens. Abaixo o mapa destes agentes:

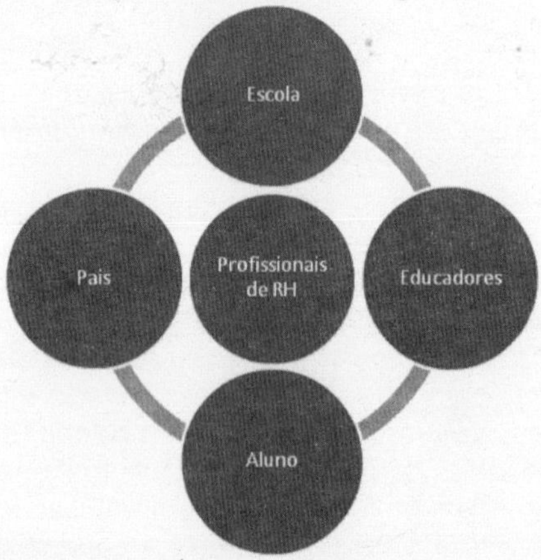

Na prática para despertar o talento nas gerações futuras e lidar com os poucos talentos que temos hoje, precisamos:

• Inserir o tema nos eventos, seminários e encontros nacionais para torná-lo uma causa comum da classe de profissionais de RH;

• Buscar a integração com profissionais de pedagogia, escolas e professores, para que a formação se transforme em uma tarefa compartilhada e estendida aos pais e alunos;

• Adotar a gestão por competências com os trabalhadores de hoje, minimizando o impacto da escassez de profissionais, permitindo que seja elevado o seu rendimento e potencial;

É essencial que se entenda que abrir a mente para o talento significa conquistar posições futuras de realização e competitividade para si mesmo e para nossa economia. O Brasil, hoje, se encontra em uma posição muito pacata quanto à gestão do conhecimento. Fazer gestão do conhecimento é primordialmente fazer uma excelente formação do talento. Não há conhecimento que resista à incompetência. O futuro será dos profissionais de verdade. Não haverá espaço para quem faz–de-conta que faz, fazendo de conta que está feliz.

Daniel Bizon

Conferencista profissional e ilusionista. Apaixonado pela riqueza do conhecimento e pela magia do ilusionismo, juntou o útil ao agradável para transformar o universo da educação corporativa e do *marketing* de relacionamento, por meio de suas palestras, apresentações de produtos e ações promocionais. Seu trabalho tem um grande diferencial: informação e mágica juntos, resultando em poderosas apresentações para gerar conhecimento e negócios. Em dois anos consecutivos, Daniel Bizon recebeu o título de "*Speaker of The Year Brazil*" (Conferencista do Ano Brasil), pelo *Latin American Quality Institute*, a mais importante organização de desenvolvimento da Qualidade da América Latina. Pós-graduado em *Marketing* Estratégico pela Pontifícia Universidade Católica de Minas Gerais e pesquisador do comportamento humano, dedica-se a gerar conhecimento e negócios de forma mágica.

Site: www.danielbizon.com.br
E-mail: contato@danielbizon.com.br
Telefone: (31) 9949 1642 – Produção Executiva

Anotações

8

Gestão de Pessoas com *Coaching*

Empresas são resultados de pessoas. Equipes de alta *performance* podem ser formadas e mantidas com as ferramentas de *Team Coaching* ou *Coaching* de Equipes

Fernando Santi

Coaching é um processo de aceleração de metas e objetivos. É uma metodologia onde o *coach* se compromete a apoiar e a ajudar as outras pessoas para que estas possam atingir um determinado resultado ou seguir um determinado caminho.

É um processo que ativa as redes de cooperação, possibilitando que o capital humano (intelectual, emocional e operacional) circule livremente dentro da organização em prol de melhores resultados. É uma ferramenta para lidar com a diversidade, propiciando o máximo de proveito das similaridades e das diferenças. É utilizado com indivíduos e equipes de forma a despertar suas potencialidades.

O papel do *coach* é ser um facilitador de reflexões. O *coach* não dita o que fazer, mas aponta possibilidades de realizações. O desejo de transformação é que vai criar a realidade de cada um.

Podemos utilizar o poder do *Coaching* no ambiente empresarial com foco em gestão e desenvolvimento de pessoas, buscando o alinhamento e a conscientização de cada um com os mais altos objetivos da empresa.

"Coaching é uma relação de parceria que revela e liberta o potencial das pessoas, de forma a maximizar o seu desempenho. É ajudá-las a aprender, ao invés de ensinar algo a elas."

Timothy Gallwey, o pai do *Coaching*

O *Coaching* é utilizado nas empresas para:

- **Melhoria do desempenho funcional;**
- **Desenvolvimento de competências e habilidades;**
- **Aprendizado e obtenção de conhecimento;**
- **Aplicabilidade do conhecimento;**
- **Diagnóstico e resolução de problemas;**
- **Criatividade e inovação no trabalho;**
- **Foco na aprendizagem das pessoas com uma abordagem educacional e pedagógica.**

O "*Coaching Group*" ou "*Coaching* de Equipes" funciona como se fosse uma reunião, mas sem que seja de fato. O objetivo é identificar o estado atual de cada indivíduo e da equipe como um todo para, através disso, definirmos as ações e tarefas que levarão o grupo ao estado desejado e, com isso, ao alinhamento da equipe rumo à realização dos objetivos da empresa.

Inicialmente, vamos identificar como cada indivíduo está em relação à equipe e onde cada um precisa melhorar. Para isso vamos utilizar as ferramentas abaixo:

Roda das Equipes

A Roda de Equipes dará ao *coach* uma visão individual e ao mesmo tempo ampla da situação atual em relação à equipe. Para isso, solicite que cada membro classifique de 0 a 10 os itens abaixo conforme a sua percepção imediata:

- Saber como pensa cada um de sua equipe;

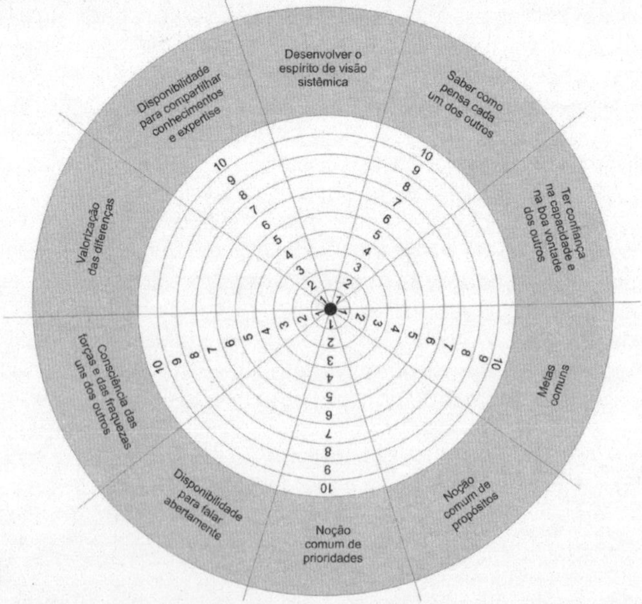

Como está a sua capacidade de saber o que o outro pensa?

- Ter confiança na capacidade e na boa vontade de sua equipe;

  Você conhece e confia em sua equipe?

- Metas comuns;

  O quanto você acredita que tem metas comuns com os membros da sua equipe?

- Noção comum de propósitos;

  Vocês têm os mesmos propósitos?

- Noção comum de prioridades;

  Você pensa e prioriza o mesmo que sua equipe?

- Disponibilidade de falar abertamente;

  Você é claro, confiante e aberto com sua equipe? Fala o que pensa e sente?

- Consciência das forças e das fraquezas uns dos outros;

  O quanto você vê e enxerga o potencial e as fraquezas dos outros?

- Valorização das diferenças;

  O quanto você consegue transformar confiança em poder?

- Disponibilidade para compartilhar conhecimentos e expertise;

  Você tem medo de transmitir informações e experiências e ser superado?

- Desenvolver o espírito de visão sistêmica (ser o todo, o tudo e as partes);

  Qual a capacidade de ser o centro da evolução do pensamento, de semear, plantar e desenvolver um pensamento sistêmico na sua equipe?

Após a realização desta avaliação teremos detectado o estado atual da sua equipe. Em seguida, identifique qual ponto de maior valor pode ser utilizado para desenvolver pontos de menor valor e, desta forma, obter resultados de alta *performance* na vida de cada indivíduo e na equipe como um todo.

Isso será a nossa "alavancagem": utilizar o que temos de melhor para potencializar o que precisa ser melhorado.

A próxima etapa é perguntar a cada membro o que ele aprendeu com isso. Através da resposta de cada um, determine uma tarefa para abrir o caminho rumo ao estado desejado com questionamentos do tipo: "O que você se permite fazer agora com esse aprendizado?".

Roda do Vendedor

Os profissionais mais bem-sucedidos são profissionais-vendedores. É fundamental "vender" o tempo todo, sejam suas ideias, suas crenças, suas metas e, principalmente, os objetivos para levar seu grupo a alcançar o sucesso desejado na empresa.

A Roda do Vendedor serve para todos, desde colaboradores a altos executivos. Você pode aplicá-la na sua equipe da mesma forma que aplicou a Roda das Equipes, conseguindo assim resultados surpreendentes:

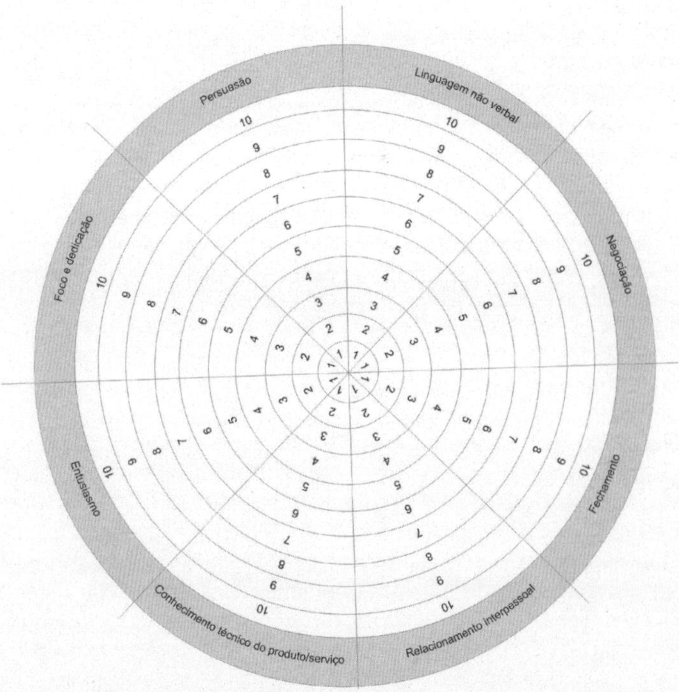

- Relacionamento Interpessoal;

Qual a capacidade que você tem de falar o que pensa para o outro? E de relacionar-se com o outro?

- Conhecimento técnico do produto/serviço;

O quanto você acredita que conhece o seu produto na essência e tecnicamente? E qual é o seu conhecimento acerca dos benefícios que ele pode proporcionar?

- Entusiasmo;

Qual a sua paixão, emoção e motivação? O quanto você ama e gosta do que faz?

- Foco e dedicação;

Qual o tamanho do seu foco? Qual é o foco que você tem naquilo que você vive? Você faz tudo para alcançar aquilo que você deseja? Que energia você canaliza em direção a este foco?

- Persuasão;

Qual é a habilidade e a facilidade que você tem de "vender o seu peixe"? E de transferir para o outro uma verdade sua? E de encantar o outro? E de passar a sua energia, de transcender, alegrar, entusiasmar e motivar o outro?

- Linguagem não verbal;

O que você acredita que, sem falar nada, as pessoas que olham para você sentem? Qual é o seu poder de presença? Qual é a sua influência mesmo estando de boca fechada?

- Negociação;

Você ouve a essência das pessoas? É flexível e disponível para o outro?

- Fechamento;

Você tem capacidade de criar e transferir emoções para proporcionar o fechamento da venda? Você tem habilidade de detectar a emoção que está por trás da venda?

Após aplicar as duas ferramentas, você conseguirá ter uma visão ampla dos pontos fortes e dos pontos de melhoria a serem potencializados. Com a aplicação sistemática de tarefas, você conseguirá desenvolver as habilidades de sua equipe de forma segura e eficiente.

Fernando Santi

Atua potencializando indivíduos, líderes, gestores, equipes e colaboradores. Conduz cada pessoa de forma a encontrar e viver sua autenticidade e a utilizar suas melhores características comportamentais para alcançar resultados de excelência na vida profissional, empresarial, familiar, sentimental e espiritual. Realiza isso através de palestras, treinamentos e *coaching*. Graduado em Ciências da Computação, apaixonou-se por Programação Neurolinguística, Linguagem Ericksoniana e Neurociências, especializando-se em Gestão de Pessoas com *Coaching* e Análise Comportamental pelo GCC. Em suas palestras e *workshops* vivenciais utiliza histórias, psicodramas, analogias e arquétipos como forma de conduzir os participantes a uma experiência profunda e transformadora, aumentando de maneira natural e positiva a interação entre as pessoas e seu ambiente.

Site: www.fernandosanti.com.br
E-mail: contato@fernandosanti.com.br
Telefones: (11) 4063-7321 / (21) 4063-3278 / (24) 9229-3260

Anotações

9

Gerenciamento de crises na gestão de pessoas

A área de Recursos Humanos vem ganhando mais destaque nas organizações, deixando de ser apenas um órgão de apoio, para atuar como suporte às estratégias da empresa. Novos conceitos e termos da gestão empresarial já fazem parte do dia a dia das atividades da hoje chamada área de Gestão de Pessoas, como *coaching*, *mentoring*, gestão por competências, qualidade de vida, polivalência, entre outras atividades

Gutemberg Leite

O processo de Gestão de Pessoas tornou-se sofisticado pelo uso de técnicas psicológicas, estudo da personalidade, orientação profissional e cuidadosas sessões de seleção em busca de candidatos de alto potencial, perspicazes, experientes, competentes e empreendedores em uma época em que está se tornando comum falar no apagão de talentos e em que há necessidade de diminuir o *turnover* pela fidelização e que leve os novos contratados a permanecerem na organização.

Essa constatação nos faz refletir sobre o tema deste artigo – gerenciamento de crises na gestão de pessoas – e nos lembra de que, embora possam provir de várias origens, nossa experiência nos diz que as crises têm seu início nas pessoas, seja nas condutoras dos processos administrativos, seja com os colaboradores envolvidos. A partir desses pressupostos, vamos estudar o panorama atual da área de RH, procurando pinçar na transformação desse setor o nascer de novos contextos aos quais os gestores de pessoas precisam estar atentos, precavendo-se contra o surgimento de eventuais crises, que possam afetar o equilíbrio de sua gestão.

Panorama atual do setor de Recursos Humanos: visão estratégica

Nas duas últimas décadas, o setor de Recursos Humanos vem se transformando em escala crescente, abandonando as posições tradicionais para desempenhar uma ação multifacetada e estratégica dentro das organizações, como explica Júlio Caldeira em artigo no CANAL Rh (08/7/2010), cujas principais ideias são explicadas ao longo deste texto. Com efeito, essa área não se limita mais apenas ao exercício de atividades básicas de admissão de pessoas em cumprimento do que está previsto na legislação trabalhista e nas normas e manuais de procedimentos da empresa. A área, para atender à manutenção da mão de obra, à captação e à retenção de talentos, sentiu a necessidade de assumir um papel de liderança estratégica dentro da organização para se equiparar em importância a outros departamentos, trabalhar de maneira compartilhada com eles e, ao mesmo tempo, ser capaz de atender emergências da organização de maneira rápida e eficaz.

A área de RH percebeu que em um cenário de rápidas mudanças em todos os setores da organização, ela não poderia permanecer isolada dos demais departamentos, nem se encarregar de fazer sozinha a gestão de pessoas. A partir do processo inicial de admissão e integração, ela passa a ter a necessidade de compartilhar a gestão de pessoas com os dirigentes dos diferentes setores da organização.

Tanto os gestores de pessoas como os dirigentes estão preocupados em contar com colaboradores ativos, dedicados ao trabalho, preocupados com o sucesso da organização, evitando que se acomodem no exercício de suas funções.

Essa preocupação é real. A pesquisa da consultoria de gestão de negócios *Hay Group* (Estado de S. Paulo, 28/08/2011, Empregos, p. 3) revela que 31% dos funcionários estão acomodados no emprego e são considerados "inefetivos". Esse alto índice de acomodação é indício de frustração no trabalho e pode ser também de uma crise na gestão de pessoas, pois elas sentem-se desmotivadas, sem engajamento com a empresa e sem objetivos maiores na gestão estratégica de suas carreiras.

Os resultados da pesquisa citada indicam que, apesar da intensificação das mudanças nas empresas e da melhoria na gestão de sua mão de obra, ainda existem pessoas que não são atingidas pela eficácia gerencial e se acomodam porque têm um emprego e, para elas, basta cumprir as rotinas exigidas para nele permanecerem. O que pode ocasionar tal procedimento? Talvez a falta de estímulo, a centralização do comando e os problemas com dirigentes que não confiam em suas equipes ou não lhes abrem espaços para o crescimento. Isso gera desconforto e decepção, gerando desabafos dos funcionários, como: "trabalhar aqui é um sufoco, não tenho perspectiva de nada".

É importante observar que os "inefetivos" ignoram que o importante não é apenas ter um emprego, mas uma oportunidade de trabalho que lhes permita desenvolver seus talentos para conseguirem alcançar alto nível de empregabilidade, tornando-os capazes de desempenharem múltiplas tarefas em novas posições na própria empresa, ou até mesmo em outras, garantindo, dessa maneira, seu aperfeiçoamento e a consecução de seus objetivos profissionais a médio e longo prazo.

Essa dicotomia entre empregados dedicados, engajados com a organização, empreendedores e os acomodados, demonstra a presença de uma crise, o que nos permite fazer duas considerações. A primeira é a verificação de que a Gestão de Pessoas e a relação dos empregados com os dirigentes podem estar falhando pela falta de desafios que os motivem como planos de carreira e oportunidades de crescimento. A segunda demonstra que a inoperância dos acomodados assinala que seu desinteresse pelo trabalho provém da falta de visão no planejamento de uma carreira futura bem-sucedida.

A situação encontrada mostra a existência de uma crise continuada no desempenho das pessoas. O gestor de pessoas precisa estar atento quanto à análise dessa situação, verificando qual é o percentual de engajados e não engajados, segundo os objetivos de desempenho exigido pela empresa. Sem dúvida, onde for significativo o número de funcionários que não geram o resultado deles esperados, a tendência é que contaminem os demais. Aos poucos, estimulam situações direcionadas ao surgimento de crises como, por exemplo: indução a reclamações trabalhistas, pedidos injustificados de aumento de salários, dificuldade de adaptação a novas funções, resistência a mudanças, reestruturações e transferência para outras unidades.

Esse cenário pode ser um indício de que pessoas insatisfeitas com o próprio trabalho estão mais inclinadas a agir fora das expectativas da empresa e a não terem com ela profundo engajamento.

Essas situações são preocupantes quando as pesquisas dizem que os trabalhadores brasileiros apresentam alto nível de estresse, o que vem aumentando o número de afastamentos do trabalho por esse motivo. Em casos agudos, tem havido até a intervenção do governo sobre o comportamento de determinadas empresas em algumas regiões do país, e fora do Brasil temos lido relatos de suicídios de trabalhadores originados da máxima pressão empresarial sobre eles e das más condições de trabalho.

O propósito da análise desse contexto é demonstrar que, quando se fala em crises na gestão estratégica de pessoas, há um sem número de questões de alta relevância que precisam ser analisadas, além de fatos pontuais considerados comumente como produtores de crises, como assédio moral e não cumprimento da legislação trabalhista. Para prevenir crises, antes de tudo, o que importa é a existência de uma administração humanista, que leve em conta que as pessoas constituem a organização e elas precisam ser reconhecidas e respeitadas na sua inteira dignidade. A melhor forma de evitar crises é a manutenção de um equilíbrio sustentável no ambiente empresarial. Contar com uma administração coerente, transparente em suas decisões, que considere as pessoas como "gente" e lhes proporcione todas as condições necessárias para que possam ser produtivas, trabalhem satisfeitas, conscientes de que, como trabalhadoras, têm uma missão a cumprir para que a empresa atinja seus objetivos de produtividade e lucratividade. Os gestores precisam explicar aos colaboradores que, ao cumprirem sua missão na empresa, estão caminhando para a conquista de novas posições e, em paralelo, do crescimento pessoal e profissional como seres humanos.

A preocupação com os colaboradores

Em nosso livro *A comunicação como estratégia de Recursos Humanos*, publicado em segunda edição no CONARH (Qualitymark,2011), tratamos da *Força da Comunicação em Situações de Crise* e chamamos à atenção para o fato de que as crises podem ser internas ou externas, previsíveis ou imprevisíveis, e podem afetar em grau maior ou menor as operações da organização e seu conceito na opinião pública, ou seja, sua reputação. Observamos também a necessidade que os gestores de pessoas têm de conhecer em profundidade a constituição do público colaborador para poderem lidar com ele de maneira acertada. Os funcionários, segundo França (2008, p. 78), representam públicos essenciais da organização, pois ela depende deles para a sua sobrevivência, manutenção e desenvolvimento de suas atividades-fim. Os desgastes de relacionamento, o surgimento de insatisfações e desmotivações se originam da falta de conhecimento e de gerenciamento desse público.

Na gestão de pessoas é preciso, em primeiro lugar, conhecer a natureza, o tipo e o perfil dos colaboradores, bem como as características que os distinguem de outros públicos. Não representam um público homogêneo, pois é composto por pessoas de diferentes origens, etnias, culturas e gênero, que desempenham diferentes papéis profissionais e sociais dentro e fora da organização.

As empresas, tanto nacionais quanto estrangeiras, em geral, apresentam um quadro de administração centralizadora na tomada de decisões e não oferecem oportunidade de participação para seus colaboradores nas decisões, tendo ainda grande resistência em ouvi-los, atitude essa que favorece a formação de crises internas na relação com eles.

Ao concluir este artigo, podemos dizer aos gestores de pessoas que a melhor maneira de se evitar crises internas com os colaboradores é estabelecer políticas claras de relacionamento com eles, que podem ser baseadas em alguns pontos: a) disposição em ouvi-los sem confrontá-los; b) compromisso de responder a seus questionamentos; c) comprometimento em resolver os problemas que forem por eles apontados; d) transparência na comunicação.

Referências

ABRÃO, Regina. *Falta de motivação no trabalho atinge 31%*. Estado de S. Paulo, 28/08/2011, Empregos, p. 3.

CALDEIRA, Júlio. *A área de Recursos Humanos amplia sua atuação e se torna multifacetada*. In CANAL Rh, 08/07/2010 — UOL, 08/07/2010.

FRANÇA, Fábio, LEITE, Gutemberg. *A comunicação como estratégia de Recursos Humanos*. Rio de Janeiro: Qualitymark, 2011.

FRANÇA, Fábio. *Públicos: como identificá-los em uma nova visão estratégica*. São Caetano do Sul, SP: Yendis Editora, 2008.

Gutemberg Leite

Mestre em Ciências da Comunicação, pós-graduado em Comunicação Empresarial pela Faculdade Cásper Líbero e em Administração com ênfase em Recursos Humanos pela FECAP – Fundação Escola de Comércio Álvares Penteado. Tem especialização em "Novas Tecnologias da Comunicação" pela Universidade da Flórida, Estados Unidos. Graduado em Administração de Empresas. Iniciou a carreira em Recursos Humanos em 1972. Trabalhou em empresas nacionais e multinacionais em recrutamento, seleção, treinamento e desenvolvimento de pessoas. Em 1983, fundou a Meta Seleção de Pessoal, empresa de assessoria em Recursos Humanos que presta serviços de seleção de pessoal efetivo, temporário, administrado, CLT e terceirizado. Também é sócio da Meta Executivos, empresa de seleção de executivos e especialistas. Coautor do livro Comunicação e Mercado, do Mestrado em Ciências da Comunicação da Faculdade Cásper Líbero, Ser + Inovador em RH, da Editora Ser Mais e, com Fábio França, A Comunicação como Estratégia de Recursos Humanos, Editora Qualitymark em sua segunda edição.

E-mail: gutemberg@metarh.com.br
Site: www.metarh.com.br
Telefone: (11) 5187-3400

Anotações

10

Como você está na rede? Relações comprometidas e de qualidade é que definirão o seu futuro

O sentido de pertencimento, a consciência do grupo e da rede e a facilidade de mudança darão ao novo profissional a liberdade de se jogar na rede e criar conexões

Heloísa Capelas

Heloísa Capelas

Não é novidade que as redes sociais ocuparam um espaço e importância em nossas vidas. O que antes se resumia a amigos próximos, vizinhos, colegas de trabalho ou hobby, hoje é uma imensa rede de amigos, conhecidos, amigos de amigos, amigos de conhecidos e há espaço até para os desconhecidos, sobriamente identificados com fotos. É inegável o quanto se tem dito, refletido e discutido sobre essas redes.

Buscamos sucesso, e o sucesso tem se multiplicado em termos: o mais popular, o mais visto, o mais seguido, o mais rápido, a fonte mais segura, ou ainda todas as outras já conhecidas e tradicionais formas de sucesso, entre elas o sucesso profissional, financeiro, enfim, o famoso: bem-sucedido! Paralelamente, as formas de atingi-los são cada vez mais plurais, os tempos são medidos em nano segundos e o reconhecimento parece ter hora certa para acabar: a próxima novidade.

Por isso é preciso estar conectado. E a pergunta roda: Conectado com quem? Onde? Com quê? Conectado em que momento? Lembram-se da famosa frase: "É preciso estar na hora certa, no lugar certo, com a pessoa certa"?

Independentemente das diferentes tecnologias que se apresentaram nas últimas décadas, sempre haverá relevante importância em manter-se nas redes de relacionamentos, e a reflexão que não pode faltar é: Em seus relacionamentos virtuais e pessoais, qual será o seu papel? O que deverá ser relevante nessa apresentação? O que o torna singular? O que o moverá nesta corrida?

Paulo Mendes Campos, em seu célebre conto "Para Maria da Graça", já chamava, na década de 1960, atenção para o fato de que "Os homens vivem apostando corrida (...)". Nos escritórios, nos negócios, na política nacional e internacional, nos clubes, nos bares, nas artes, na literatura, até amigos, até irmãos, até marido e mulher, até namorados, todos vivem apostando corrida. São competições tão confusas, tão cheias de truques, tão desnecessárias, tão fingidas, tão ridículas, muitas vezes, por caminhos tão escondidos, que, quando os corredores chegam exaustos a um ponto, costumam perguntar: "A corrida terminou! Mas quem ganhou?". É importante saber o que ganharemos no processo.

Estamos muito próximos de mudar paradigmas radicalmente e, talvez, mudança semelhante só tenha sido vista na 1ª Revolução Industrial. Naquela época, o homem deixava de ser proprietário dos meios de produção para tornar-se dono somente de sua força de trabalho. Foi também, naquele momento, que se estabeleceu a ideia do trabalho assalariado como preponderante e, em decorrência, o mercado de consumo. O fato é que a Revolução Industrial quebrou paradigmas que deflagrou mudanças comportamentais que se refletiram na composição familiar, nas relações de trabalho, na política, na ciência, na moda, na alimentação, na visão do uso e distribuição do tempo.

Trata-se, enfim, destacadamente, de um dos momentos da História em que houve ruptura e reinserção de novos modelos de comportamento. Comparativamente, como é que estamos nos preparando para acompanhar esse momento histórico, que se apresenta extraordinário, e que se move a cada dia?

Alguns de nós estão aflitos e outros empolgados, como em qualquer momento histórico. Entretanto, esta corrida tecnológica nunca vista precisará contar com uma mudança de comportamento similar. A tendência da maioria já é correr atrás de computadores e afins, enquanto a corrida relevante e imprescindível será mudar atitudes e padrões comportamentais. Como desenvolver capacidade para mudança e aceitação, paciência e ao mesmo tempo proatividade ou poder de escolha, diante de contextos cada vez mais móveis, convívios superficiais, relacionamentos relâmpagos e novas ideias a cada instante? Por onde começar o processo de nova aprendizagem? Onde é a largada desta corrida? E por fim, como gerir pessoas neste momento histórico?

O autoconhecimento é a **chave**!

Percepção de si mesmo traz um entendimento de suas facilidades e dificuldades ou, em outros termos, seus pontos fortes e fracos. Temos que fazer uma análise SWOT detalhada de nós mesmos, considerando os fatores extrínsecos e intrínsecos que influenciam nossas atitudes e serão decisivos para construirmos nosso planejamento em todas as áreas de nossas vidas.

Que fatores ambientais favorecem ou dificultam a realização dos seus objetivos? Que características comportamentais facilitam ou impedem a realização dos seus sonhos? Na prática, por exemplo, em que área do conhecimento você deverá investir para desenvolver sua excelência? E em quais outras deverá ter um médio conhecimento ou um conhecimento geral? Sim, qual será sua especialidade, sobre o que você saberá mais do que a média das pessoas? Qual será seu diferencial? Como as pessoas o reconhecerão? Como você quer ser reconhecido e lembrado pelas pessoas?

Parece um trabalho fácil. No entanto, por que só alguns conseguem desenvolver essa tarefa, traçar um objetivo e cumprir suas metas? E a resposta à dificuldade do processo de mudança vem de como participamos dele, pois a decisão de desenvolver-se é racional e mudar comportamento é sempre emocional.

Estudar e aplicar-se a fim de desenvolver excelência exige muito mais do que horas de pesquisa e leitura. Todos os bons profissionais, ou pelo menos aqueles reconhecidos pelo mercado, sabem perfeitamente bem quanto estudo e dedicação lhes foi necessário para alcançar o posto que têm hoje. No entanto, não é ao conhecimento formal a que me refiro quando falo de excelência. Estou falando de como colocar esses conhecimentos de maneira excelente em seus relacionamentos, pois só com as pessoas e para as pessoas o seu desenvolvimento servirá.

Como controlar seus impulsos, como administrar críticas, como responder com serenidade a ataques nervosos e a injustiças? Como desenvolver resiliência, qualidade indispensável em momentos de crise? Como lidar com a frustração causada por mudanças de cenário ou situações enganosas?

É preciso manter-se presente, estar conectado com seus talentos e virtudes, e ser forte conhecedor de suas dificuldades. Desenvolver excelência primeiramente de si mesmo. A autoestima elevada é produto desta excelência. Lidar com os desapontamentos e conseguir colocar-se com dignidade, diante de situações revolucionárias, criam condições de crescimento para si mesmo e para os outros. A dignidade é uma característica peculiar da humanidade. Somente nós temos o desejo, ou em alguns casos, a necessidade de nos sentirmos dignos. E, antes de mais nada, relacionamos dignidade a reconhecimento. O verdadeiro líder se reconhece e desenvolve excelência de si e em seguida amplia essa dignidade na gestão de pessoas.

Existem inúmeras técnicas de apresentação, oratória, organização de tempo, administração de reuniões etc., mas, se mudança de comportamento é emocional, é necessário também um trabalho pessoal, interno e emocional para transformar paradigmas em ações sustentáveis de qualidade e com resultado eficaz. A pressão corporativa e a tendência de foco no resultado deixam a impressão falaciosa de que somente por meio de intermináveis horas de trabalho, feito sempre às pressas e sob pressão, seremos capazes de obter a margem mínima de 15%, tão famigeradamente incorporada ao ideal de lucratividade, pelo menos no Brasil. Todavia, o aumento da insalubridade e da rotatividade nas empresas aponta em sentido oposto. É, sim, fundamental que se crie um ambiente de trabalho saudável para atingir resultados positivos. E a saúde no meio corporativo está diretamente relacionada à saúde emocional das pessoas que o compõe. É importante honrar a técnica, e relacionar-se é a técnica mais desafiadora do século.

Há metodologias que ajudam e promovem nosso autoconhecimento, assim como existem milhares de chaves que abrem as portas da realidade. Logo, podemos percorrer diversos caminhos na tentativa de equilibrar nossas múltiplas inteligências. A ideia de múltiplas inteligências é amplamente aceita no meio de negócios. Encontramos diversas referências à inteligência lógico-matemática, linguística, musical, corporal-cinestésica, espacial, interpessoal e também à inteligência emocional. O termo inteligência emocional foi cunhado por Wayne Payne, mas ficou conhecido a partir do livro de mesmo nome de Dan Goleman. Em seu livro, Goleman se refere a quatro dimensões dessa inteligência, a saber, o autoconhecimento, o controle emocional, o reconhecimento das emoções dos outros e a habilidade em relacionamentos interpessoais. Bob Hoffman, criador da teoria "A Síndrome do Amor Negativo", já firmava, em 1967, que o ser humano se divide em quatro aspectos de inteligência: a intelectual, a emocional, a intuitiva e a corporal.

Apesar de consolidado o conhecimento sobre a inteligência emocional e reconhecermos que somos seres intuitivos, por conta de nossa herança cultural, fomos muito mais estimulados a valorizar nosso intelecto do que os outros aspectos. De forma prática e no dia a dia, podemos também começar as mudanças com uma auto-observação franca e sem julgamentos ou justificativas. É um exercício que auxilia a detectarmos melhor o que necessitamos mudar, uma vez que obter consciência é o primeiro passo nesse processo. Talvez na empresa em que você trabalha sejam aplicadas avaliações comportamentais que o surpreendem. Esta é a característica comum nos resultados de *feedbacks*. E esta surpresa deve e pode ser minimizada, levando-se em conta que podemos elevar nosso nível de consciência comportamental com relação ao que falamos e sentimos e ao que praticamos, e escolher que caminho seguir.

O comprometimento consigo mesmo, que se adquire quando as múltiplas inteligências estão alinhadas e integradas, gera compromisso com as outras pessoas que nos envolvem e essa é a verdadeira rede de relacionamentos. Nesse momento de mudanças aceleradas e inevitáveis, as relações humanas serão de fundamental importância e a partir de suas qualidades surgirá o profissional moderno e necessário.

Hoje, precisamos de pessoas que não saibam tudo, mas que dominem uma área de maneira tão segura que consigam afirmar que entendem do assunto, sabendo se relacionar. Essas pessoas devem ser flexíveis, seguras e capazes de criar empatia e demonstrar emoção. Sorrir, conforme estudos recentes, ajuda a fazer conexões e, para que o sorriso seja sincero e o bom humor uma característica, é fundamental a percepção de si mesmo. O sentido de pertencimento, a consciência do grupo e da rede e a facilidade de mudança darão ao novo profissional a liberdade de se jogar na rede e criar conexões. A palavra-chave do novo tempo é *colaboração*. Muito se fala em competição. Mas, sejamos honestos, compete-se somente 10% do tempo, seja da vida dos indivíduos ou das empresas. Durante os 90% restantes, colaboramos uns com os outros. Trabalhamos em parceria com nossos maridos e esposas, com nossos filhos, com nossos subordinados e, por que não, com nossos superiores. E não há colaboração sem comprometimento, e sem compromisso não há relacionamento saudável, seguro e de sucesso. E, se você está pronto para fazer as mudanças internas necessárias a este novo tempo, este é você na rede!

Heloísa Capelas

Especializada no desenvolvimento do potencial humano por meio do estímulo da Competência Emocional. Eleita uma das melhores palestrantes do Congresso Brasileiro de Treinamento e Desenvolvimento, é *Coach, Master Practitioner* em PNL, Especialista em Psicodinâmica Aplicada aos Negócios e em Processos Transformativos. Graduada em Assistência Social e pós-graduada em Administração com ênfase em Recursos Humanos. Atua também como palestrante internacional, pelo Hoffman Institute Internacional. Aplica cursos de liderança e autodesenvolvimento pessoal com a metodologia Hoffman, considerada por Harvard um dos trabalhos mais eficazes de mudança de paradigmas na formação de líderes. É Diretora de Desenvolvimento Humano e sócia-fundadora do Centro Hoffman no Brasil.

Sites: www.heloisacapelas.com.br; www.centrohoffman.com.br
E-mail: heloisa@centrohoffman.com.br
Telefone: (11) 3832-3050

Anotações

11

Feedback: aspectos técnicos e ético-psicológicos

Fator essencial nas relações líder-colaborador (e em muitas outras, não há dúvidas) é o *feedback*. Através dele (quando elaborado tecnicamente e com amor), temos a possibilidade de aprimorar pontos que podem estar em desajuste em nossas vidas, profissões e relações de um modo geral

Jansen de Queiroz

Profissional de RH ou Executivo discursa que *feedback* é um poderoso recurso para o crescimento pessoal e profissional, que contribui de forma decisiva para a produtividade com qualidade de vida e tem enorme influência sobre o clima organizacional. Se for tudo isso mesmo, por que até hoje ainda não tem sua prática disseminada no Brasil? Por que é tão pouco praticado com eficácia? Por que gera mais resistência e confronto do que contribuição para melhorar as pessoas, o relacionamento interpessoal, o clima organizacional e a produtividade com qualidade de vida? Ninguém se desenvolve plenamente sem esse apoio. É indispensável, à ampliação da percepção do que é necessário, alterar o comportamento e o conjunto de competências. É tudo de bom, mas...

O *feedback* é uma técnica de aplicação complexa, que muitos banalizam chamando-o de *devolutiva*, de *retroalimentação*, há quem o utilize como instrumento de controle ou, ainda, é utilizado de forma pretensiosa pelo emissor, com os adjetivos positivo ou negativo. Pretensioso, sim, já que o emissor julga pelo receptor. Mesmo este, com o decorrer do tempo, poderá reconhecer algo que, inicialmente, supôs negativo como positivo ou vise versa. Distanciando-lhe, assim, de sua origem essencialmente lógica para um simples retorno de sinal elétrico.

Com este texto, espero estimular o diálogo crítico sobre este formidável instrumento de apoio às pessoas e ao relacionamento interpessoal, à produtividade com qualidade de vida nos aspectos técnicos e ético-psicológicos.

O ser humano e suas relações com o mundo são sistemas abertos, complexos e ricos de possibilidades. Nada a ver com relação linear direta e de causa e efeito, como nas ciências exatas. As questões humanísticas são sistêmicas.

Qual o conceito conscientizado que o colega de RH tem de Homem? Considera isso relevante para a boa Gestão de Pessoas? Todas as profissões possuem um elenco de conceitos básicos que devem ser dominados pelo profissional da área. Estes conceitos são mais relevantes do que os instrumentos e ferramentas, porque orientam a utilização dos mesmos.

Como o Homem é o recurso mais importante para as organizações e, quando competente, automotivado e compromissado com os objetivos coletivos, o mais escasso, além de ser o motivo central da existência dos profissionais de RH, ofereço aos colegas gestores de pessoas e de organizações um conceito de Homem alinhado com o de gestão aqui exposto.

Um conceito de Gestão: "arte e ciência de obter resultados com pessoas". Como *prejuízo* é um resultado possível, mas não é o objeto da gestão, adaptei: "é a arte e a ciência de construir, em equipe, o lucro, a segurança, o desenvolvimento, a qualidade de vida e respeito aos ecossistemas", com menor custo humano e financeiro, com menor tempo e riscos possíveis.

Apresento para analise dos colegas um conceito de Homem alinhado com o conceito de Gestão, que apresento para análise dos colegas e que subsidia meu trabalho como *coach* e consultor:

O homem é um indivíduo gregário, interdependente, eminentemente emocional, que procura agir com certo grau de racionalidade.

Feedback é um processo de comunicação de ajuda mútua para reforço ou mudança de comportamento, sem julgamento de valor e tem o propósito e o compromisso de contribuir para melhorar o desempenho com melhoria na qualidade de vida, nas relação interpessoais e no clima da organização (corporativa ou social).

Quem "errou" ou teve um comportamento ou atitude que incomodou o outro ou o grupo, toma consciência do fato, podendo trabalhar a informação e decidir reforçar ou mudar seu comportamento. Quem oferece, sem provocar no receptor excessiva atitude defensiva, ganha em competência e habilidade para transmitir sua percepção, seu conhecimento ou seu desconforto, de forma que o receptor se dispõe a trabalhar em cima daquilo que tomou ciência.

O *feedback*, quando elaborado com técnica e habilidade, é um valioso presente afetivo. É uma relação ganha-ganha. Não necessita da adjetivação inadequada de positivo ou negativo.

Crítica é um processo de comunicação com o objetivo de passar nossos valores de "certo e errado". Geralmente, traz consigo a intenção de acusar, julgar e condenar e, não raro, com intensa carga emocional dos interlocutores. O emissor é "a referência inquestionável" pelo qual o outro deva se guiar.

Feedback deve ser aplicável pelo receptor e isento de julgamento de valor. A crítica nem sempre é aplicável pelo receptor e contém julgamento de valor, o que gera excessiva atitude de defesa por parte do receptor e leva à inação e ao conflito.

Os propósitos do *feedback* são o crescimento mútuo, a melhoria do relacionamento interpessoal, da produtividade com qualidade de vida e do clima organizacional.

O compromisso do *feedback* é a expressão da verdade do emissor com amor por si e pelo outro.

Realidade, do ponto de vista intimista, é o que percebemos. Por isso que o emissor do *feedback* deve ter habilidade de empatia e formular as perguntas certas e só depois elaborar o *feedback* considerando os critérios que serão aqui expostos.

Eis as condições necessárias para a elaboração do *feedback*: primeiro, preferencialmente treinar os atores em dar e receber *feedback*. A ausência de treinamento dos atores tem sido a principal causa dos conflitos evitáveis, no momento da devolutiva de avaliação de desempenho; segundo, é indispensável a construção da relação de certeza entre os atores; terceiro, a competência emocional dos atores; quarto, o contexto dos atores. Se este for um ambiente organizacional onde predomine excessiva competição e o erro é usado como oportunidade de punir, ridicularizar ou humilhar, a prática de *feedback* pode chegar mesmo a ser impraticável pela ausência de relação de certeza; quinto, o emissor deve passar a certeza de que emissor e receptor estão numa relação equânime e não numa posição de autoridade do conhecimento, do saber ou hierárquica; e sexto, qual é a motivação, amor ou desamor, qual o aspecto ético, verdade ou mentira?

Os gestores devem fazer ações objetivas para trocar a competição – que é relação perde-ganha – pela cooperação intraorganizacional – que é relação ganha-ganha. Quanto mais prevalente for a cooperação intraorganizacional, melhor serão as oportunidades de *feedback*, de desenvolvimento pessoal e profissional, de se elevar a produtividade com qualidade de vida e mais saudável será o clima organizacional. O excesso de competição intra-organizacional é causa de várias doenças induzidas pelas más emoções.

O treinamento em elaborar o *feedback* sem julgamento de valor e com os demais critérios aqui expostos, deve ser realizado por um *coach* com formação especializada em coordenação de dinâmica de grupo, em desenvolvimento interpessoal e de liderança, com sólida formação acadêmica e longa experiência corporativa em posição de liderança relevante, que apresente uma metodologia própria testada ou certificada por instituição reconhecida pela sua credibilidade. Não é uma questão que se resolve com treinamento de curta duração. Mudar atitude e comportamento é uma guerra de várias batalhas, que requer assistência por um certo tempo e visão sistêmica.

Não há saída e nem atalhos: o autoconhecimento só será pleno através da contribuição dos outros. Isso significa expor-se, vencer alguns medos, desaprender atitudes e comportamentos improdutivos e aprender maneiras mais saudáveis de se relacionar consigo, com os outros e com o mundo.

A construção de certeza em uma relação, como qualquer tipo de relacionamento humano, é complexa. E assim o é em virtude da imensa riqueza de possibilidades de relações e de interações. Daí a necessidade dos interlocutores treinarem a dar e receber *feedback*, para que exercitem relacionamento congruente com o discurso ou com as intenções declaradas.

O conflito interpessoal é existencial. Os conflitos não são ruins ou bons. A postura diante deles é que poderá ser boa ou ruim. Uma boa atitude é aceitar que num conflito interpessoal não há culpado ou vítima. Um bom início, para a solução de um conflito é perguntar: o que se fez ou deixou-se de fazer que contribuísse para o mesmo; segundo, resista à tentação de, sem refletir, culpar o outro; terceiro, ambos são responsáveis pela solução, não só o outro; quarto, ter maturidade de colocar uma ideia e não a presunção de ter a ideia. Há ainda a se considerar as crenças, os valores do outro e as circunstâncias.

Caro colega, estimule seus colaboradores, pares e superiores hierárquicos a dar-lhe *feedback*, aceitando-o sem discussão ou justificativa. Apenas, quando necessário, pergunte, para tornar o *feedback* claro, específico e utilizável. Não se esqueça de agradecer. E tome cuidado: se a equipe somente lhe estiver passando *feedback* sobre seus acertos, lembre-se que o ser humano é falível!

Alguns critérios sobre os quais há concordância de parcela dos estudiosos do assunto, que poderão resultar em boa prática de *feedback*: *Aplicável* – é fundamental que o receptor possa utilizá-lo para reforçar ou alterar o comportamento; *Especifico* – nada de questões difusas; Neutro – isto é, sem acusação, julgamento ou condenação; Oportuno – deve ser o mais próximo possível da ocorrência do estímulo, mas em um momento e lugar bom para os interlocutores; *Objetivo* – deve ser oferecido sem rodeios, de preferência baseado em dados ou exemplos; *Direto* – é desastroso quando oferecido através de terceiros.

Fosse o homem eminentemente racional, os critérios acima seriam suficientes para o exercício exitoso em dar e receber *feedback*, mas como somos eminentemente emocionais, mais importante do que se diz, é como e por que se diz.

O modelo *conteúdo* x *motivação*, de W. Bennis, nos ajuda a trabalhar melhor o *feedback*. O *que se diz* pode ser verdade ou mentira, *por que se diz*, pode ser por amor ou desamor.

O que prevalece na elaboração do seu *feedback*: verdade ou mentira; amor ou desamor?

Você que me honrou com a leitura, encaminhe-me seu *feedback*!

Jansen de Queiroz

Administrador e pós-graduado em RH e Finanças pela FGV e em dinâmica de pequenos grupos pela SBDG; economista pela UERJ, experiência de vinte anos como executivo em nível de diretoria. Membro do Grupo de Excelência em *Coaching* do CRASP. Experiência de dez anos em *Coaching* Executivo com empresários, executivos e jovens profissionais. Realiza treinamentos sobre mentoria, *feedback*, gestão do tempo e construção de equipes de alto desempenho. Tem artigos publicados em jornais de grande circulação e em sites e revistas especializadas. Coautor do *Manual Completo de Coaching* editado pela Ser Mais.

Site: www.gestaopolifocal.com.br
E-mail: jansen@gestaopolifocal.com.br
Telefone: (11) 3044-1019

Anotações

12

Líder e Colaborador: os alicerces da empresa moderna

O presente artigo mostra a importância da empresa, seus líderes e colaboradores se adaptarem aos novos tempos que, cada vez mais rápido, exigem constantes mudanças e transformações de todos nós para que sigamos evoluindo

Juliana Candido Scheper

Juliana Candido Scheper

Como podemos definir a sociedade do século XXI? Até que ponto esta sociedade está ou deverá estar preparada para as mudanças que vêm surgindo cada dia mais rapidamente?

Na antiguidade, vemos o servo trabalhando para o senhor feudal em troca de proteção e algum sustento para si e sua família, o que muitas vezes resumia-se numa parca quantidade de alimento. Os anos foram passando e aqueles servos aceitavam cada vez menos tal situação, passando a requerer aquilo que lhes era de direito. Dado o decorrer dos tempos, o resultado foi o surgimento do patronato e do proletariado, onde aquele paga pelos serviços recebidos e este segue trabalhando para garantir seu sustento. Pois bem, qual o interesse disso para o presente artigo? Ao analisarmos aquela época, podemos ver o quão desgastantes eram aqueles trabalhos, exigindo grandes esforços físicos em troca de uma pequena remuneração.

Comparando a antiguidade com os tempos modernos, torna-se patente que a procura por mão de obra tem sido muito maior, assim como sua oferta, tal qual é relatado diariamente nos veículos midiáticos. No entanto, questionamo-nos: por que uma procura não consegue atender a outra?

Atualmente, o componente humano numa empresa é definido como colaborador, e os proprietários ou "encarregados de setor" são definidos como líder.

Analisando a definição de colaborador, vemos tratar-se da pessoa que apoia e auxilia em todo o processo da empresa, ou seja, não só cumprem ordens, como expõem novas ideias e ajudam a encontrar soluções para os problemas.

O líder, por sua vez, é aquele que consegue desenvolver no colaborador essa habilidade citada anteriormente, atingindo assim o resultado positivo que toda empresa espera. Mas, diante desta definição, quantas pessoas estão procurando emprego com os requisitos que o empregador tem desejado?

Analisemos, então, o comportamento de uma pessoa prestes a realizar uma entrevista de emprego. Entre tantos questionamentos realizados, uma pergunta que nunca deixa de aparecer é: por que você, candidato, deve preencher esta vaga de trabalho? E a grande maioria logo responde: porque estou precisando de serviço.

A resposta não deixa de estar correta, afinal, todos precisam ter um trabalho, mas, diante de nossa análise, foquemo-nos em outro ponto: quando você, empregado, procura um trabalho, pretende manter-se sempre na mesma posição de início ou tem pretensão de adquirir experiência, responsabilidades e, por fim, atingir resultados para esta empresa pela qual foi contratado? Pode-se dizer que a grande maioria, diante do que foi perguntado, responderia que certamente quer conquistar todos estes degraus, porém, acompanhado de tamanha assertividade, sempre surge a pergunta: quanto vou ganhar a mais para exercer estas responsabilidades? Ou seja, o ser humano hoje tem pensado apenas em suas conquistas financeiras, deixando de lado a dedicação pela conquista da experiência, de seu espaço na empresa em que está atuando e, consequentemente, em atingir o reconhecimento pelo trabalho desenvolvido.

O ser humano tem se esquecido de suas habilidades e de seus potenciais por estar focado, acima de tudo, em seu benefício financeiro.

No entanto, não podemos dizer que tal comportamento seja de responsabilidade somente daquele que está sendo contratado. Pergunte a um empregador se, ao contratar um novo colaborador para sua empresa, tem deixado clara e transparente sua necessidade e confiança de que realizará seu trabalho com eficácia e eficiência e, dessa forma, tornar-se-á apto a galgar todos aqueles degraus citados anteriormente.

Mas, qual a diferença entre *eficácia* e *eficiência*? Eficiência é tudo aquilo que se realiza da forma que foi solicitado, sem acrescentar nem diminuir nada. A eficácia, por sua vez, surge quando se realiza uma tarefa de modo a ir além daquilo que lhe foi solicitado, atingindo assim um resultado mais complexo.

Há o clássico exemplo de dois funcionários de uma empresa que são incumbidos de realizar um rápido levantamento – se há ou não maçã na quitanda ao lado – para que a sobremesa daquele dia torne-se viável. Um dos funcionários vai até a quitanda e retorna logo em seguida, respondendo ao seu patrão que não havia maçã naquela quitanda. Eis que retorna o segundo funcionário e responde ao seu empregador que, realmente, naquela quitanda não há maçã, mas tem banana, laranja e abacaxi, todos com os preços e quantidades adequados e a entrega era feita sem custos adicionais! Isso é eficácia: trazer a solução para aquilo que poderia ser um problema que, neste caso, seria ficar sem sobremesa.

Diante desta sociedade que se desenvolve a passos largos, os colaboradores precisam entender que em qualquer trabalho realizado é necessária a eficácia. Isso se faz preciso para atender às necessidades desse mundo moderno, pois aqueles que não se aperfeiçoarem, não conseguirão acompanhar a evolução que a sociedade tem vivido.

Cabe dizer, neste contexto, que ainda é presente a figura dos "antigos" patrões, aqueles que mandam e desmandam, conseguindo assim que seus funcionários tenham medo de se manifestar. De qualquer modo, este comportamento encontra cada vez menos espaço na atual sociedade. Da mesma forma que o funcionário precisa se aperfeiçoar e exercer suas funções com eficácia, o empregador, para atingir seus resultados, deverá buscar seu aperfeiçoamento como líder. Sim, o líder é aquele que lidera um grupo, ou seja, guia, instrui, orienta e, justamente por isso, o líder precisa ser exemplo em todos os sentidos. Um líder, para conseguir que sua equipe de colaboradores trabalhe com o mesmo objetivo, precisa ter isso nitidamente em sua postura. O comportamento de um líder precisa ser sempre motivador, independentemente das circunstâncias. O líder precisa inspirar em sua equipe a confiança para que, com isso, seus colaboradores exerçam com eficácia suas responsabilidades.

Diante do que foi exposto até o momento, podemos perceber que a estabilidade da empresa moderna não está somente nos rendimentos financeiros, mas também no componente humano que se encontra à frente desta empresa.

As empresas que fazem ou querem fazer parte deste mundo de mudança precisam primeiramente analisar seu quadro de colaboradores. Como está o grau de comprometimento e responsabilidade de todo o grupo em relação aos objetivos determinados pela empresa? O relacionamento entre o grupo de colaboradores tem sido em prol do mesmo objetivo? Essas são algumas das várias perguntas que você, empresário, você, líder de equipe, deve fazer para conhecer melhor o seu time.

O mundo de hoje é movido por mudanças; tudo muda a todo instante e, por isso, as pessoas também precisam estar em constante transformação para, assim, conseguir acompanhar esse ritmo. É por isso que a empresa moderna tem procurado novos colaboradores, pessoas dispostas a todo tipo de mudança. A empresa que hoje se recusa a mudar, muito em breve não conseguirá acompanhar o desenvolvimento desta sociedade. O mercado de trabalho já não tem mais espaço para os apáticos à mudança, sejam eles líderes ou colaboradores. Os empresários que são empreendedores e buscam o crescimento de sua empresa precisam de pessoas que entendam e trabalhem com o mesmo objetivo, sempre almejando adaptar-se às mudanças do novo mundo.

Pare, pense e analise: o que você, leitor, ganha ao manter-se nesta mesma linha, não aceitando as transformações, não querendo mudar? Você pode se questionar muitas vezes por que seu colega de apenas um ano de empresa já ganhou promoções que você, há seis anos na mesma empresa, não ganhou. A resposta é simples. Pare e analise as atitudes deste colaborador. Ele sempre traz uma ideia, uma solução para o problema apresentado, enquanto você, ao deparar-se com a primeira adversidade, apenas diz que não dá. Sua resposta é sempre acerca da inexequibilidade daquilo.

Pois bem, neste mundo de mudança, tudo é possível, e o que não for, tem que ter uma solução para que seja. Saia deste comodismo digno daqueles que não querem mudar as coisas e a si próprio. Lembre-se de que tudo aquilo que é feito com sacrifício e trabalho, com certeza é muito mais recompensado.

Por fim, talvez caiba a reflexão acerca desta pequena passagem de Heráclito (540 a.C.- 470 a.C.), onde ele diz: *"A única coisa permanente no universo é a mudança"*.

Juliana Candido Scheper

Catarinense, atuou na área administrativa no grupo de lojas Casa Silva Móveis – Informática e Eletrodomésticos Ltda. Atualmente desenvolve trabalhos na área de Recursos Humanos da mesma instituição. Cursa Bacharel em Direito na Universidade Barriga Verde – Unibave – 3ª fase.

E-mail: ju.gp@hotmail.com
Telefones: (48) 8407-3341 / (48) 3652-1573

Anotações

13

A arte de gerir gente

Se todos aqueles que almejam exercer o tão nobre papel de gestor procurassem não só adquirir competências técnicas, mas, principalmente, as comportamentais, seus resultados seriam muito melhores e suas organizações mais vitoriosas

Lúcia Helena dos Santos Cordeiro

É interessante como muitos daqueles que abraçam uma experiência profissional, ao longo dos anos, passam a se sentir infelizes na medida em que não percebem oportunidades de crescimento na carreira.

O questionamento é: "Não percebem ou não se preparam para tão importante momento"?

Tendo atuado por mais de vinte anos na área de Gestão de Pessoas, ocupado cargos executivos em organizações empresariais de médio e grande porte, estando inserida paralelamente há mais de 15 anos em instituições educacionais de nível superior e, nos últimos dez anos, convivendo em ambiente de consultoria, constato que a maioria dos profissionais "sonha" em crescer na carreira.

Quando perguntados sobre *"crescer na carreira"*, afirmam que gostariam de chegar a ocupar cargos que lhes colocassem em posições privilegiadas, de *status* e de remuneração.

Ainda quando perguntados *"o que vêm realizando para concretizar tais sonhos", poucos, bem poucos, afirmam estar se preparando para "**gerir gente**".*

Talvez sintam efetivamente a vontade de lá chegar, mas não sabem por onde começar, quer seja para alavancar sua vida profissional, quer seja para transformar sua vida pessoal.

O mais importante é saber que existe um método, não um milagre, evidentemente, que trará soluções para estas duas importantes áreas de sua vida.

Esta ferramenta simples, porém alavancadora para o sucesso, consiste na aplicação do seguinte tripé:

1. Autoconhecimento (que conduz à automotivação);
2. Autodesenvolvimento (que vai acelerar o despertar de suas potencialidades latentes e buscar as competências que lhe facilitarão o caminho) e, principalmente, permitir-se a
3. Transform**AÇÃO**.

Como a palavra Transform**AÇÃO** remete à reflexão de que ninguém transcende da forma ou estágio atual se não AGIR, então mãos e coração à obra, pois nascemos para ser felizes e vencedores, seja na vida pessoal e/ou profissional, mas é preciso sair do plano de ideação e partir para o plano da realização.

*"**Não more no passado, não sonhe com o futuro, concentre-se no presente.**"* (Budha)

É no presente que se deve preparar o campo para as conquistas futuras.

A própria palavra "gerente" é uma forma sincopada de "gerir gente". Quando buscamos entender o verdadeiro significado do verbo "gerir", em seu sentido etimológico, do latim *gerere*, chegamos ao "fazer acontecer". Portanto, podemos inferir que, exercer o papel de Gestor de Pessoas é "fazer acontecer com gente".

Aqui vale uma pausa. gerir pessoas não é atributo somente do RH de uma empresa, mas sim daqueles que, independentemente da área de conhecimento, precisam alcançar resultados "com gente".

À área de Gestão de Pessoas cabe implementar ações que assegurem aos demais gestores da organização o pleno cumprimento do seu papel, através de políticas e/ou instrumentos para atração, seleção, desenvolvimento de competências do time de colaboradores e outras ferramentas de estímulo para retenção de talentos.

A Unidade de Gestão de Pessoas (Recursos Humanos, Talentos Humanos, Capital Humano ou nomenclatura similar) deve conduzir e assegurar o sucesso dos verdadeiros "gestores de gente" da organização, que são os que atuam nas demais áreas: operacional, tecnológica, administrativa, financeira, comercial, dentre outras existentes na estrutura organizacional.

Mas, afinal, em que consiste a "nobre arte de gerir gente"?

Quando pensamos que cabe a um gestor buscar e superar resultados para a organização que o contratou e que, para isso, é preciso *influenciar pessoas, para que trabalhem com entusiasmo e comprometimento, devemos* resgatar e refletir sobre o tripé citado anteriormente:

1. **Autoconhecimento**: quem eu sou? Como ajo frente a outras pessoas? Como sou percebido por elas? Que impacto provoco? Que resultados venho obtendo com esta forma de "*gerir gente*"? Posso com elas conquistar patamares superiores ao atual? Quais competências me diferenciam e são percebidas pelo meu time de colaboradores ou pares? Quais competências e habilidades ainda não desenvolvi ou ainda não consolidei na minha prática diária? Sou exemplo para clientes internos e/ou externos? Se a empresa fosse minha, eu me contrataria para exercer o papel de gestor?

Esses são alguns dos muitos questionamentos que quando EU efetivamente buscar as respostas, certamente me credenciarão como Gestor de Gente.

2. **Autodesenvolvimento**: o que já sei sobre a "nobre arte de conduzir pessoas ao sucesso e à felicidade"? Quais conhecimentos busquei no último ano? Que habilidades procurei desenvolver nesta área? Quais os dez melhores livros recomendados sobre o tema? Já os li? Já compartilhei com meus pares? Quem é o meu *benchmarking* nesta área? Quais ações me pré-determinei a cumprir nos próximos dois anos para candidatar-me a este papel? Tenho claras as Competências **C.H.A.V.E.** (**C**onhecimentos + **H**abilidades + **A**titudes + **V**alores + **E**mpatia) para conduzir gente a resultados (pessoais + profissionais)?

3. **TransformAÇÃO** = **Trans** + **forma** + **AÇÃO**: se pretendo verdadeiramente exercitar o papel de gestor de gente sem me prender às conquistas acadêmicas na área profissional onde atuo ou pretendo atuar, quais oportunidades de melhoria tenho para mudar a minha

forma de ser, pensar e agir?

4. A máxima de que "*ninguém transforma nada nem ninguém se primeiro não transformar a si mesmo*" é cada vez mais percebida nas modernas organizações, daí os altos investimentos em programas de desenvolvimento de habilidades comportamentais voltados para suas lideranças de alta qualidade técnica.

Pesquisas recentes apontam que excelentes profissionais não são mais demitidos pela ausência de *performance* técnica e sim pela ausência de habilidades humanas.

Estas pesquisas ainda sinalizam que aumenta a cada dia os processos de assédio moral provocados por profissionais de excelentes resultados técnico-operacionais, justamente pela inabilidade e pela incompetência no trato diário com "gente".

Mas como provocar e estimular a busca do desenvolvimento dessas habilidades para melhor conduzir as pessoas à realização das metas organizacionais, ao sucesso e à felicidade no trabalho?

"***Quem souber colocar sua Inteligência ao lado do coração, alcançará na Terra as maiores alturas, o poderio legítimo.***"
(Prof. Henrique José de Souza, 1963)

Embora o atual ciclo evolutivo da humanidade sinalize que devemos ampliar o nosso "veículo mental", ou seja, "pensar mais, raciocinar mais, discernir mais, projetar antecipadamente possíveis impactos sobre medidas, observa-se a necessidade premente da busca do equilíbrio entre "mente e emoção", quando se trata de conduzir "gente", sem perder o foco nos resultados dele esperados.

Observa-se em ambientes organizacionais que profissionais de alto nível técnico, porém destemperados ao conduzir "gente", estão provocando altos índices de absentismo, *turn-over* (rotatividade), desmotivação, afastamento por doenças psicossomáticas, dentre outros sintomas (evidentemente, não identificados por eles dessa maneira), gerando assim prejuízos ao meio empresarial onde atua.

Se quisermos ser reconhecidos como gestores de excelência, como chegar lá? Se precisarmos desses atributos para assegurar nossa empregabilidade, o que precisaremos fazer? Qual a dificuldade encontrada pelos Gestores para colocá-las na prática diária? Quais comportamentos e atitudes esperadas pelas organizações fazem a diferença no mercado?

Há muito, aprendi que enquanto não adquiro novos saberes, enquanto não desenvolvo novas habilidades humanas, posso, sim, ter a necessária Vigilância dos Sentidos para não incorrer em erros que me impedirão de conquistar a mente e o coração de meu time de liderados e/ou admiração de meus pares.

Tudo muito simples e, talvez por isso, tenhamos ainda tanta dificuldade.

Eis alguns "segredos" (será?) que nos abrem portas e não aprendemos em bancos escolares, acadêmicos, mas sim com a vida:

a) **Sorria sempre!** Sorria para a vida, para as oportunidades já conquistadas, para o muito a conquistar, sorria para as pessoas com quem você compartilha do mesmo espaço profissional, das mesmas buscas, pressões e angústias;

b) Implemente a **Técnica R.E.D.**: trate a todos, sem distinção de cargos, com **R**espeito, **E**ducação e **D**ignidade. É meio caminho andado rumo ao sucesso!

c) **Não trate a todos de forma igual**, mesmo que seja da forma como você gostaria de ser tratado, afinal, as pessoas são únicas, não iguais. Logo, trate-as **melhor** do que espera ser tratado. Trate-as segundo suas expectativas e necessidades e logo também será um gestor único para elas.

d) Respeite e estimule a **Diversidade**. O gestor precisa preparar-se para enxergar ganhos na diversidade presente em seu time. A riqueza está exatamente na diversidade e não na uniformidade de pensar e agir. Lembre-se de que "pensar diferente é somente pensar diferente, não contra".

e) Utilize a poderosa técnica de ***follow-up*** (acompanhe, acompanhe, acompanhe... e desenvolva seu time!). Estabeleça com eles um Plano de Ação de Crescimento Profissional e disponibilize-se a ajudá-los nesta conquista.

f) Exercite o ***feedback*** permanente. Aqui vale uma recomendação: inicie sempre pelo "*feedback* positivo". Elogie, reforce os comportamentos que admira no outro. Ao acompanhar, focando sempre o desenvolvimento de seu colaborador, utilize o "*feedback construtivo*" (jamais destrutivo) para alinhar conceitos, corrigir rotas e clarear-lhes seu papel, sempre procurando ouvi-lo verdadeiramente.

g) Jamais espere o período estabelecido pela organização para realizar a Avaliação de Desempenho por Competências ou quando do desligamento da pessoa para dizer-lhe o que dela esperava. É indigno.

h) Gosto da frase atribuída ao idealizador do sistema *McDonald's*, *Ray Kroc*: "*Nenhum de nós é tão bom quanto todos nós juntos*"!

Gerir pessoas deve ser, portanto, o foco maior de uma organização que espera mais do que satisfazer clientes externos, afinal, para encantar e surpreendê-los, cabe ao time de gestores organizacionais aprender e aplicar inicialmente as simples técnicas de encantar e surpreender seus clientes internos. É uma questão de dar mais de si antes de cobrar dos outros.

"***Toda profissão é sacerdócio ou comércio, segundo seja exercida pelo altruísmo ou pelo egoísmo.***"

Prof. Henrique José de Souza

Lúcia Helena dos Santos Cordeiro

Palestrante Motivacional e Conferencista, Mestre em Administração, Educação e Comunicação *Business & Executive Coach – Coaching Assessment*, Consultora Organizacional e Educacional, Especialista na área de Gestão de Talentos Humanos, Construção de Times de Alta Performance, Desenvolvimento de Lideranças, Excelência em Atendimento e Qualidade Total, Prof. Mestre para cursos de Pós-Graduação e MBA's.

E-mails: lhcordeiro@litoral.com.br, luciahelena@illuminath.com.br
Telefones: (13) 3234-1852 / (13) 9714-8802
Facebook: facebook.com/lhscordeiro
LinkedIn: linkedin.com/in/palestranteluciahelena
Skype: luciahelena19521

Anotações

14

Serena amizade

Descubra como a experiência da guerra pode ajudar sua empresa. Veja quais são os pensamentos e análises que favorecem a reflexão de posturas individuais e institucionais de liderança, sob o enfoque da mentalidade militar moderna

Luciano Moreira

Chamo a atenção em especial para uma das "empresas" mais antigas e duradouras da humanidade: as Forças Armadas. Apesar do estereótipo rude e conservador, a instituição militar mantém-se ativa por séculos, mesmo em nações que passam por grandes períodos de paz.

Mas como a experiência dos profissionais da guerra pode ajudar nosso cotidiano?

Criadas para serem o último recurso da sociedade em situações de crise, as Forças Armadas carregam consigo conservadorismos morais que não saem de moda ao longo dos tempos, e possibilitam sua sobrevida.

O "mercado" onde os combatentes atuam é repleto de caos. Nele, a incerteza impera, e o dia a dia possui atividades diretamente ligadas a situações de perigo, que envolvem risco, sacrifício de vidas amigas e inimigas, ambiente estressante, bem como grande desgaste físico e psicológico. Desta maneira, em sua estratégia gerencial, a atividade militar requer uma administração de pessoas e dos "negócios", com forte apelo para a observação de aspectos sensíveis da natureza humana. Você vê alguma relação com o mundo corporativo?

Muitas características da administração militar têm grande relação com ideias centrais de grandes empresas de sucesso. E isso não é mera coincidência. A evolução da administração dos recursos numa guerra decorre da experiência dos soldados em situações críticas, onde os efeitos colaterais dos erros são gravíssimos. Após a solução dos conflitos, os conceitos e técnicas aprimorados passam a ser usufruídos por toda a sociedade.

Além disso, o instinto de sobrevivência tornou o homem naturalmente competitivo, e a competição é um grande alimento para o desenvolvimento humano. A guerra confirma esta ideia quando verificamos um maior e mais latente desenvolvimento tecnológico da humanidade em períodos de grandes conflitos globais (grandes "competições" pela imposição da vontade política, territorial, econômica, religiosa etc). Foi assim com o submarino, raio *laser*, GPS etc. A energia atômica, por exemplo, foi desenvolvida para o uso militar na Segunda Guerra Mundial, com a finalidade de destruir, e só após a paz teve seu uso inserido como inovação em geração de energia, na medicina etc.

Nas Forças Armadas, como nas grandes empresas, para se atingir objetivos é necessário foco no trabalho em equipe, na criação de consenso e na colaboração. Estes conceitos possuem história militar considerável. Eles têm por base, entre outros fatores, a liderança como mecanismo de multiplicação da força do líder. Seja em um exército, em uma família, em um time de futebol ou em uma empresa, a liderança está diretamente ligada à sobrevivência e ao sucesso de qualquer instituição.

"O conhecimento dos homens que têm que dirigir é, para o líder, tão necessário como o conhecimento da missão para a qual lhe compete orientá-los."
(Gaston Courtois).

O sucesso das atividades de comando e gerenciamento está diretamente ligado à capacidade que o gerente tem de relacionar-se com as pessoas. Administrar negócios requer conhecimento teórico e um pouco de prática. Administrar pessoas requer dom, vocação e preparo.

Nesta busca pela excelência, é extremamente desgastante para o chefe agradar os que o cercam. Se ele cede muito e agrada os anseios de seus subordinados, desagrada seus chefes e pode vir a perder seu emprego. Caso faça o contrário, agrada seus comandantes e acaba deixando seus homens insatisfeitos. Quem comanda para agradar, mais cedo ou mais tarde, se descobrirá um péssimo líder.

Demonstrar competência para os superiores não é das questões mais complicadas. Passa-se muito mais tempo junto aos pares e funcionários do que ao lado dos chefes. Neste caso, a necessidade de ter uma conduta ilibada, com presteza, dedicação e competência, faz-se presente de forma esporádica, apenas nas reuniões ou encontros isolados com os chefes. Já a preocupação, o comprometimento e o exemplo frente ao subordinado são as coisas mais difíceis para quem lidera. Demonstrar a eles valores sólidos, motivação e competência profissional constantes, demanda muito trabalho e atenção. É com eles que se exercita o diário processo decisório, e são eles que verificam as consequências das decisões acertadas e erradas, tomadas no cotidiano do ambiente de trabalho.

Se por um lado o chefe cobra metas e eficiência, que muitas vezes geram desconforto para os executantes das tarefas, por outro, o líder tem que saber administrar estas cobranças para que o trabalho seja feito da melhor maneira possível, e com o menor desgaste para sua equipe. Para que se consiga extrair o melhor de um funcionário ou de um soldado, é necessário estar conectado à cabeça e ao coração dele. Ao líder, cabe identificar os anseios de quem trabalha, e aproximá-los aos requisitos, necessidades e metas da organização.

Uma das maneiras de realizar essa identificação de ideologias, pensamentos e anseios, é por meio do estreitamento das relações humanas existentes no trabalho. Contrariando o que alguns chefes dizem, no decorrer das missões militares de combate modernas, a amizade surge como um fator que pode ser utilizado na busca do alto rendimento dos grupos.

Não se trata de estabelecer uma relação promíscua com os subordinados. O estabelecimento de um linguajar não adequado, a abertura pessoal excessiva, comentando deliberadamente sobre seus erros do passado, ou ainda deixando transparecer suas fraquezas e insatisfações profissionais, podem afetar sua autoridade numa situação de crise futura. Mas ser amigo do funcionário colocará o líder mais próximo de seus anseios, dúvidas e aspirações. Conhecendo melhor seus homens, ele terá condições melhores de exercer seu comando.

Toda atividade possui diversas maneiras de ser realizada. O objetivo final pode até ser definido por um escalão superior, mas as formas de atingi-lo, por vezes, são inúmeras. O chefe "antenado" com sua tropa consegue escolher, dentre as formas mais eficientes, aquela que seu subordinado irá executar com maior prazer. E não é necessário comentar que o desempenho de um homem é muito maior, menos desgastante e mais eficiente quando este realiza sua tarefa de uma maneira que o agrade ou, quando não é possível, que ele aceite, contrapondo ideias de imposições aleatórias que bloqueiem a iniciativa e desprezem a capacidade intelectual de um funcionário.

Por vezes, o gerente recebe atividades difíceis de serem executadas. Por meio da amizade, o líder conhecerá melhor seu subordinado, seus pontos fortes, fracos e as maneiras de desgastar menos seu grupo no cumprimento destas atividades. Ele conseguirá aumentar o rendimento de sua equipe, pois conhecerá as formas de explorar seus homens de acordo com as características de cada um. Ela faz com que o chefe olhe para seu funcionário e saiba que alguma coisa não está certa. Por sua vez, o soldado com algum problema saberá que seu comandante levará em consideração sua tristeza e seu estado de espírito quando precisar emitir uma ordem desagradável a ser cumprida.

Isto é bem diferente de favorecer seus homens por causa da amizade, ou ainda deixar de cumprir as missões para que não se desgastem ou se desagradem. Tal erro constitui um pecado mortal da liderança que, no futuro, impedirá o cumprimento de missões mais difíceis. A amizade em questão está no respeito e no conhecimento de seu próximo. O comandante amigo tem todas as obrigações dos que não o são, mas conta com um diferencial quanto à consideração que receberá de seus homens, principalmente quando vier a falhar em suas tarefas, precisando da superação e do desgaste do subordinado para cobrir seu erro.

Esta competência emocional se faz presente quando o líder escuta com humanidade, e entende os anseios e necessidades do subordinado. Entendendo e trabalhando estes fatores individuais sobre as imposições e requisitos da organização, o chefe faz-se respeitar, discutindo com clareza e coragem, sem medo de contradizer quem está abaixo na cadeia hierárquica.

"*A amizade multiplica as coisas boas e divide as más.*" (Baltasar Gracián).

Não sei ao certo se esta amizade é um fator primordial à liderança, mas a experiência com soldados em situações de crise extrema diz que isso é algo desejável. Durante os combates de pacificação das favelas do Haiti, era comum que soldados comandados por líderes amigos se colocassem na frente de seus chefes durante as rondas nos becos. Faziam isto por livre e espontânea vontade, simplesmente para poupá-los de surpresas e emboscadas, já que sua ausência representaria grande perda tática para seus pelotões.

Muitas vezes, o chefe foca o objetivo com sua visão macro e se esquece de que o todo é feito de pequenas partes. Para potencializar uma equipe e extrair o máximo que ela pode oferecer, deve-se conhecer os processos na sua parte micro, entendendo como cada partícula deve funcionar. Não se trata de ter conhecimento técnico generalizado, mas de entender o todo a partir das atividades individuais de seus comandados. Caso contrário, o chefe irá cobrar de sua equipe o que esta não lhe pode oferecer. Ou ainda, poderá cobrar acima de sua capacidade de trabalho, acarretando um desgaste progressivo de sua liderança que, no futuro, prejudicará suas ações de comando e pode vir a inviabilizá-las. Nestes casos, o ambiente de trabalho vai se destruindo aos poucos, até que a situação do chefe torna-se insustentável. A forma do negócio hoje é tão importante para o mercado quanto o próprio produto oferecido. Numa empresa, o cultivo da amizade dentro do ambiente de trabalho pode transcender os portões da instituição, vindo a refletir-se em toda forma de relacionamento com os clientes, podendo tornar-se uma vantagem competitiva final, fundamental para o sucesso no mercado.

É interessante o desenvolvimento de uma relação de "serena amizade" entre os chefes e seus grupos. Mas como isto funciona?

Esta relação deve possuir "amizade" o suficiente para que os subordinados consigam confiar e entender como seu chefe pensa. Deve ser administrada de forma a proporcionar aos participantes os benefícios que a liberdade das relações horizontais permitem. Normalmente, um amigo sabe como seu companheiro pensa, pois o convívio diário na sadia camaradagem aproxima suas ideias e opiniões. Essa amizade desenvolverá na equipe um estado de espírito coletivo onde, estando ou não o chefe presente, as decisões tomadas pelos funcionários se aproximarão cada vez mais das condutas tidas como corretas, aumentando a eficiência do grupo.

"A amizade pode existir entre as pessoas mais desiguais. Ela as torna iguais."
(Aristóteles).

Em contrapartida, deve ser "serena" o suficiente para que não haja problemas quando for necessário chamar a atenção ou corrigir os rumos dos integrantes do grupo. Deve haver uma relação de amizade respeitosa, que provoca aos poucos uma reação de disciplina consciente no funcionário. Esta consciência o fará aumentar as cobranças sobre si e seu trabalho, entre outros fatores, por um sentimento de gratidão e consideração pelo líder, melhorando seu desempenho no dia a dia.

"A liderança é intangível, e assim nenhuma arma poderá vir um dia a substituí-la"
(General Omar N. Bradley)

Luciano Moreira

Formado pela Academia Militar das Agulhas Negras, esteve no Haiti comandando um pelotão de fuzileiros da linha de frente, durante os combates de pacificação das favelas mais perigosas de Porto Príncipe. Liderou seus soldados em inúmeras situações críticas, tendo exercido sua liderança no sentido mais sensível da palavra. Foi atleta das Forças Armadas, tendo representado o Brasil em diversas competições militares internacionais. É autor do livro *Combate de Paz* (Editora Baraúna, 2010), onde relata suas histórias e faz análises do comportamento humano sob o enfoque da guerra. Realiza palestras corporativas onde relaciona temas do dia a dia corporativo a marcantes experiências no comando de soldados em combate, levando a uma abrangente reflexão sobre negócios, motivação, superação, gestão do estresse, ambiente de trabalho, liderança e relacionamento humano.

Site: www.lucianochacal.com.br
E-mail: contato@lucianochacal.com.br

Anotações

15

Programa de *trainees*: como atrair, desenvolver e retê-los na organização

Atualmente, qualquer empresa que deseje ser competitiva precisa qualificar bem seus trabalhadores, além de desenvolver sofisticados e inovadores métodos de retenção de seus talentos

Lucimar Delaroli

O Brasil vive, hoje, a chamada "escassez de mão de obra", ou seja, a falta de profissionais qualificados em quantidade suficiente para suprir as demandas dos postos de trabalho, cada vez mais complexos, criados pelas empresas. Estima-se uma necessidade de oito milhões de profissionais altamente capacitados para estas demandas, para, até 2015, mantermos nosso ritmo atual de crescimento. Mas, segundo dados do IBGE, temos exatos oito milhões de desempregados hoje, que, no entanto, estão à margem deste sofisticado mercado que requer um grau de qualificação que eles não possuem. Assim, resta às organizações suprir este *déficit* educacional por meio de treinamentos. Daí surgiu a febre por programas de *trainees*. Atualmente, qualquer empresa que deseje ser competitiva precisa qualificar bem seus trabalhadores, além de desenvolver sofisticados e inovadores métodos de retenção de seus talentos.

Como "talento" é a única forma de obter e manter vantagens competitivas, fica a questão: **o que seria o talento?** Talento é aquele profissional que, segundo Levy-Leboyer, domina melhor que os demais um repertório de comportamentos e capacitações, tornando-o eficaz em uma determinada situação. Logo, talento pressupõe *performance*. Quando desenhamos um programa de *trainees*, não estamos trazendo "talentos" para a organização e, sim, profissionais que possuem as competências-chave para "performar". Não se tem, ainda, garantias quanto a performance, pois a mesma necessita, não apenas, dos conhecimentos, habilidades e atitudes certas, mas também do contexto, do entorno adequado. Entre outros elementos, o contexto adequado pressupõe líderes apoiadores e engajados no projeto, ambiente organizacional desafiador, além de recursos disponibilizados e acessíveis. Então, um programa de *trainee* não pode ser uma empreitada exclusiva do RH. Deve ser um programa de toda a organização. Ainda falta pensar em "**talento para quê?**". Logicamente, o motivo para o qual se deseja trazer os *trainees* direcionará o projeto. Para que se estruture um bom programa será prudente promover, junto ao corpo decisor da organização, um amplo debate, que chamarei de **etapa zero**. Nesta constarão temas como: quem serão estes *trainees*? Atuarão regional ou globalmente? Em cargos gerenciais ou técnicos? Em que áreas estratégicas? Com quais perspectivas de aproveitamento? De quanto tempo dispõe para prepará-los? Como serão treinados e em quê? De quanto recurso interno será preciso? Como será preparado o ambiente interno para recebê-los e treiná-los? Que tipo de projetos de aplicação de conhecimentos será solicitado aos *trainees* ao término de sua formação? Alinhadas e pactuadas estas questões, o programa de *trainee* poderá ser iniciado e estará em condições de atingir seus objetivos.

Tendo sido definido o escopo do programa, e já em posse do mapeamento de oportunidades e necessidades internas de alocação, inicia-se o desenho do **perfil do *trainee***. Serão necessárias não só as informações referentes ao cargo, mas, sobretudo, às competências, que deverão ser descritas em forma de comportamentos observáveis e mensuráveis para que se tenha termo de comparação.

Inicia-se, então, a **sensibilização interna**, um amplo endo*marketing* informando sobre o programa de *trainee* junto aos colaboradores e a empresa. Também é importante começar a identificar e preparar seus **tutores**, aqueles profissionais que representam bem a sua organização, que estão em postos de liderança e que têm interesse para ajudar a desenvolver os novos profissionais.

Cabe agora definir como, quando e onde serão captados seus *trainees*. O **recrutamento** será interno ou externo? Como serão avaliados os candidatos internos? Junto com os externos? É necessário, também, definir quem serão os parceiros no recrutamento. Em geral, é indicado contar com apoio de empresas especializadas nesta tarefa. Onde irão buscar os *trainees*? Quais as etapas do processo? Que tipos de ferramentas serão utilizados? Há muita novidade neste campo. Fique atento. Peça referências e faça *benchmarking*. Capriche nas etapas de recrutamento: linguagem jovem, uso das redes sociais, abertura para questionamentos e não deixe de verificar os valores pessoais de seus candidatos para que não sofra, depois, para engajar gente que não tem nada a ver com a sua organização.

Vale uma dica: os *trainees* buscam causas e não trabalhos; desejam ser reconhecidos e valorizados; trabalhos desafiadores; ambientes ágeis, amigáveis, com liberdade para se expressarem; além de prezarem muito por sua qualidade de vida. Avalie como está a sua empresa nestes quesitos.

Em seguida, temos a etapa de **seleção**. Cuide de receber bem seus candidatos e prepare seus líderes para cada uma das etapas: testes, cases, painel de debates, redação, avaliação de idioma; são as técnicas mais utilizadas. Mantenha a comunicação frequente, a perda durante o processo é grande.

Seleção feita, como será a **integração**? Certamente, um grande evento. Envolva o *board* da companhia. Palestras, atividades de integração; visitas às unidades e brindes. Mas, lembre-se de que o seu evento deve espelhar o estilo e a cultura de sua empresa.

Programa de treinamento: é preciso ter foco nesta etapa. Os custos são altos e os modelos escolares de que dispomos, em geral, não são muito atrativos para os *trainees*. Por vezes, o trabalho, o dia a dia, os tiram do foco do treinamento. É importante mesclar tempo de trabalho com tempo de estudo. O treinamento deve acontecer durante o trabalho, é o chamado "*on the job*". Conte, ainda, com os métodos a distância, que são mais dirigidos e estimulam o autodesenvolvimento, mas mescle com os presenciais. Afinal, a transmissão da cultura, dos valores e a modelagem de comportamentos não são benfeitas virtualmente.

É preciso definir os **conhecimentos técnicos**, as **habilidades**

comportamentais e organizacionais que serão necessárias e como serão desenvolvidas. *Assessment*, *coaching*, *feedbacks*, reuniões com os tutores, com os líderes, com os pares, com o RH, trocas de experiências de boas práticas, além de um plano bem estruturado de cada etapa do programa com os *targets* a serem alcançados, são as formas mais atuais de desenvolver novas habilidades. Lembrando que *trainees* tendem a ser da "Geração Y" e que eles têm um modelo de aprendizagem semelhante ao dos *games*, onde vencer etapas é o desafio. Então, explicite o que eles precisam aprender em cada etapa, com os indicadores, e como estão em relação ao alvo. Eles deverão, ainda, ter etapas individualizadas. Cada *trainee* deve ter seu próprio **plano de ação de desenvolvimento**, baseado em seu *ranking* de competências atuais e futuras, com reuniões estruturadas e num curto espaço de tempo (sugerimos a cada 90 dias). Suas metas devem ser semestrais e os programas não devem passar de um ano, sob pena de se perder o investimento.

Os modelos clássicos de desenvolvimento têm as etapas de **visitas de integração** e **conhecimento** das principais áreas do negócio e de suas interfaces, onde os *trainees* desenvolvem uma visão sistêmica e poderão analisar os fluxos de informações e processos, encontrando *gaps* como oportunidades de redução, melhoria e sinergia. Há, ainda, a etapa onde o *trainee* é **alocado em uma área específica**. Neste momento, ele entenderá mais profundamente os processos, executando atividades condizentes com seu perfil, trazendo resultados concretos, além de estar se capacitando e desenvolvendo novas habilidades.

Aqui, o papel do tutor é importantíssimo (apoiando, tirando dúvidas, ajudando nas análises e tomadas de decisões, além de transmitir os valores da organização). Esta relação bem estabelecida é o forte fator de retenção.

É importante saber que um programa de *trainee*, por melhor estruturado que seja, sempre terá perdas. Por isso, é importante que você consiga obter resultados rápidos de seu programa. Uma boa forma é por meio dos **projetos de aplicação do aprendizado** a serem apresentados por eles durante e ao final do programa. Estruture um *checklist* de observações juntamente com um "diário de aprendizagem", para que possam ir organizando suas observações e podendo estruturar seu entendimento, bem como suas críticas e sugestões. Se isto puder ser feito em pequenos grupos, é ainda mais motivador. Ao final desta etapa, eles deverão apresentar um projeto de melhoria. Sua empresa já estará colhendo frutos. Será a primeira etapa de seu *game* de aprendizagem. Veja se é possível estipular aumentos salariais ou de grades diferenciados para cada fase que superar. Se em um ano ele poderia vir a ter 20% de aumento, por exemplo, quebre isso em quatro etapas de 5% para que haja percepção de progresso.

Num segundo momento de seu programa de desenvolvimento, o escopo de seu projeto precisa ser mais elaborado. A partir de alguns parâmetros, a área de RH, juntamente com o líder do *trainee*, definirá a abrangência do projeto. Estabelecem-se os prazos, indicadores, escopo, recursos e os deixam atuar. O importante é que eles desenvolvam o projeto junto com suas atividades cotidianas. Eles não devem se dedicar *full time* ao projeto e fique atento para que não tenham uma atividade diária pesada demais, pois ou o projeto ou o trabalho sairão aquém do desejado.

Para a **avaliação dos projetos** toda a "pompa e circunstância" se fazem necessárias: banca julgadora, com critérios claramente definidos, premiação e reconhecimento aos melhores projetos. Também deverá haver avaliação de seu desempenho, não só por meta, mas por competência. Planos de ação corretivos, planos de desenvolvimento, sugestão de promoção, de desligamento, de transferência, entre outras, são saídas possíveis. Porém, lembre-se de debater o resultado desta junto ao *board* da organização. A estas reuniões chamamos "**Comitê de validação**". Nela, todos os resultados de todos os *trainees* são discutidos ponto a ponto por competência. As opiniões dos tutores, dos líderes e da área de RH são ouvidas e analisadas e os resultados validados ou ajustados. Ainda nesta reunião, deverão ser decididos os próximos passos de carreira daqueles que estão mais prontos e com melhor *performance*. Depois, é necessário um novo alinhamento com o *trainee*.

Neste momento, já é permitido calcular o **retorno do investimento do programa** de *trainee* de sua organização. Primeiro, calculando o percentual de retenção frente ao número original de entrantes. Aproprie-se de todos os investimentos de tempo (horas de treinamento, de projetos, de avaliação, a acompanhamento etc.) e de custos. Saiba quanto foi investido, no total, no programa e em cada etapa. Inclua o aproveitamento dos recursos internos também. Este número deve estar "na ponta da língua" e disponibilizado para todos que puderem conhecê-lo, resguardadas as questões de sigilo necessárias. Capture a quantidade de iniciativas validadas nos projetos por área. Quantas ações poderão ser implementadas? Quantas sugestões de melhoria? Busque indicadores quantitativos, financeiros e qualitativos. Tenha os dados também de iniciativas aprovadas e implantadas. É possível que você consiga um ROI (*Return On Investment*) do programa, comparando o investimento realizado com os custos economizados ou gerados com a implementação das iniciativas. Conheço uma empresa onde um único projeto de uma dupla de *trainees* conseguiu economizar R$ 5.000.000,00/ano (cinco milhões de reais ao ano), mais do que pagou dois programas de *trainees*. Sucesso!

Lucimar Delaroli

Mestranda em Gestão do Conhecimento (Universidad de Léon -Espanha); MBA em Recursos Humanos e em Marketing. Dinamicista de grupo. Psicóloga; 20 anos de experiência em gestão de T&D e em RH em empresas nacionais, multinacionais, ONGs e consultorias; 12 anos atuando como consultora de empresas. Implementou diversos programas de Estágio e *Trainee*, Desenvolvimento de Lideranças, Assessmnet, Banco de Talentos e Gestão por Competências em diferentes organizações; conferencista e palestrante. Professora dos cursos de pós-graduação nos MBAs de Marketing da ESPM e de Gestão de Negócios do IBMEC; bem como de diversas disciplinas do curso de Tecnólogo em RH pela UNESA.

Site: www.LDelaroli.com.br
E-mail: Lucimar@LDelaroli.com.br
Telefones: (11) 4506 3113 / (11) 9906 5306

Anotações

16

RH no poder! Transformando a gestão de pessoas com o RH Estratégico

Se as pessoas estão sendo cada vez mais valorizadas nas empresas, o RH é a área que detém o maior poder? A prática que observamos nos faz responder: ainda não. E qual é o motivo disso? Falta de visão por parte dos diretores que não valorizam o RH? Discurso diferente da prática? Falta de espaço e oportunidades? A resposta pode ser simplificada em uma frase: falta de ações estratégicas

Marcelo De Elias

É recorrente ouvirmos especialistas em negócios, presidentes e diretores de empresas dizerem que o grande diferencial estratégico está nas pessoas. Isso todo mundo já sabe, até porque se vivemos a era do conhecimento, dos talentos e da inovação, estamos falando, em outras palavras, que as pessoas nas organizações constituem um grande capital humano. Investir em pessoas é investir em resultado.

Se estamos na era dos talentos e as pessoas são tão importantes, por que o RH, que é a área que cuida de gente, tem eficácia questionada e ainda é pouco valorizada em algumas empresas? Sabe-se qual é o perfil daqueles que são elogiados e têm o devido valor: ser estratégico; olhar de fora para dentro; entender do negócio da empresa; atuar proativamente; buscar ferramentas para atrair, desenvolver e reter talentos; mostrar resultados e desenvolver os líderes são algumas das ações fundamentais para o RH.

Sem agregar valor, os RHs são vistos como centros de custos (quando o certo seria "centros de lucros"). Muitos ainda não percebem a utilidade da área e até chegam a vê-la como um peso morto, um setor burocrático e, por que não dizer, uma barreira às pessoas.

Um RH eficaz deve entender de alma e de negócios. O RH só cumprirá efetivamente o seu papel se entender os objetivos e metas da organização e se conseguir ter uma visão mais sistêmica e menos operacional. Tudo isso sem falar que também deve entender, e bastante, de gente.

O RH precisa ser verdadeiramente estratégico. Antes de escrever sobre o RH estratégico, é importante entendermos os tipos de RHs que existem:

RH operacional - É aquele típico RH burocrático, com visão umbilical e foco apenas em seus próprios processos. Mesmo os RHs que possuem ações estruturadas de treinamento, seleção, avaliação de desempenho e programas de gestão, podem vir a ter foco estritamente operacional, fechando-se para o restante da empresa e preocupando-se exclusivamente com suas atividades, sem importar-se com os impactos de suas ações nos resultados e nas maiores metas da organização.

RH pirotécnico - Apesar da nomenclatura nada técnica, não foi possível encontrar palavra melhor para explicar o RH que tem quase a exclusiva missão de organizar festas e eventos. Esse tipo de setor também ama enveredar-se por projetos da moda, com nomes sofisticados, implantando ferramentas modernas, porém, pouco aplicadas à realidade da empresa. É muito barulho para pouco resultado. Esse é o típico departamento eficiente, mas não eficaz. Preocupa-se muito com a forma e pouco com os resultados.

RH estratégico - Esse é o RH ideal. É articulado e conhecedor da estratégia da empresa. Tem foco em resultados mensuráveis e consegue agregar valor ao negócio e às pessoas. Tem assento nas mesas de discussões estratégicas para traduzi-las aos funcionários e também para o fluxo inverso, entendendo as necessidades deles e levando à direção. Sua visão vai além das atividades e processos de Recursos Humanos.

Deve ser elo entre a estratégia da empresa e das pessoas de forma equilibrada. Sem o equilíbrio entre estratégia e pessoas, corre-se o risco do RH focar somente as políticas da empresa e criar regras para controlar as ações dos funcionários. Se aproximar-se da estratégia e se distanciar das pessoas perde o senso de realidade, correndo o risco de implantar algo sem sentido, além de ser visto como arrogante. Se aproximar-se das pessoas e se distanciar da estratégia, passa a ter boa receptividade dos funcionários, mas as ações perdem em resultado.

O RH estratégico é aquele que agrupa o melhor dos dois focos (estratégia do negócio e pessoas) e consegue manter o equilíbrio entre ação e resultado. Em outras palavras, deve influenciar o negócio com o objetivo de alcançar o sucesso da empresa, e isso passa, sem dúvidas, por pessoas felizes, desenvolvidas e produtivas.

Não existem fatores impeditivos para que o RH se torne efetivamente estratégico, exceto quando se limita a olhar para a organização apenas sob o foco do RH. Quando passa a olhar para a estratégia do negócio é inevitável: a alta direção passa a enxergá-lo com outros olhos, assimilando a importância de uma gestão de pessoas estratégica.

Para o RH agregar valor e ser reconhecido como estratégico, é necessário que suas ações sejam orientadas para pessoas e para os resultados organizacionais. A seguir são apresentadas algumas formas de atuação que poderão potencializar a *performance* do RH:

1. **Alinhamento de foco estratégico** - Parece um absurdo, mas muitos RHs remam na direção contrária dos propósitos da empresa ou são levados pelo sabor dos ventos. O RH precisa ter vontade própria, mas essa vontade tem que ser alinhada aos maiores objetivos da instituição. Nesse caso, a regra é simples: entender o que a empresa está buscando e traduzir esses propósitos em ações de RH que suportem o alcance dos objetivos.

2. **Foco em processos e resultados mensuráveis** - O RH deve aprimorar cada vez mais as ferramentas que tenham grande impacto no desempenho dos negócios por meio dos funcionários e que sejam capazes de medir o resultado final. É imprescindível que se mostre o retorno dos projetos de gestão de pessoas. Essa atitude deve ser fortemente trabalhada para abrir espaço. Quando o RH põe o foco nos resultados mensuráveis e os apresenta, ganha a confiança das pessoas

e dos gestores da empresa, já que estará fazendo-os enxergar que se trata de uma área profissional e que se preocupa com cada centavo investido. Cabe à área avaliar, de preferência numericamente (principalmente se forem relacionados aos resultados monetários), o impacto de seus processos. Quem não domina os números não domina a empresa.

3. **Atuação proativa** - O RH só funciona bem e cumpre seu verdadeiro papel antecipando as necessidades dos clientes internos. Para isso, não pode esperar as demais áreas pedirem o que desejam, e sim, pautada em uma boa e fundamentada iniciativa, oferecer soluções para problemas ou potencializar os resultados, focando em oportunidades que nem sempre os gestores enxergam. Ter a iniciativa de oferecer alternativas faz com que o setor ganhe mais respeito e agregue mais valor.

4. **Gestão de talentos** - Gestão de talentos e plano de sucessão são ações estratégicas de RH. Sabemos que todas as pessoas nas empresas são importantes e que devem receber a atenção adequada da gestão, mas, olhando para os resultados, cabe ao RH identificar os principais talentos para um acompanhamento mais próximo. Subprocessos bem geridos como atração de talentos, plano de carreira, gestão de benefícios, desenvolvimento de sucessores, avaliação de desempenho e *feedback*, são alguns dos caminhos que levam aos bons resultados.

5. **Gestão do clima, cultura e processos de mudança** - O RH deve assumir o papel de quem dissemina, acompanha e intervém no ambiente de trabalho em direção à cultura desejada, assumindo uma atuação ativa na busca da consolidação da prática dos valores empresariais. Gerenciar, medir e monitorar o clima organizacional e, principalmente, atuar sobre esses indicadores faz com que se aprimorem as relações e o ambiente de trabalho, possibilitando maior produtividade, qualidade, retenção de talentos, inovação etc. Deve atuar como um verdadeiro agente da mudança e não vítima dela. Interessar-se em conhecer também o que acontece dentro da empresa, seus planos e suas metas, faz o setor estar preparado e possibilita antecipar-se às evoluções necessárias.

6. **Desenvolvimento de gestores líderes** - Será que é o RH, em primeira instância, quem faz a gestão de pessoas? Não. Os gestores de pessoas são os líderes. Assim, cabe ao RH instrumentalizar e capacitar líderes para assumir essa gestão. Cada vez mais o RH é solicitado a falar a língua dos negócios e os gestores da empresa são solicitados a tratar de pessoas. Muitos gestores esperam fórmulas mágicas. Precisamos mostrar que a gestão de pessoas ocorre em todos os departa-

mentos partindo de seus líderes. E como conseguir espaço junto aos gestores para ser ouvido por eles? É necessário ganhar a confiança, e a melhor forma de fazer isso é mostrando os resultados e a agregação de valor das ações realizadas pelo RH.

7. **Foco em projetos de consultoria interna** - Cabe aos profissionais de RH enxergarem os demais departamentos da empresa como clientes internos, que têm oportunidades de melhoria nem sempre observadas pelos seus próprios gestores. Deve-se ainda fugir da operacionalização exclusiva de ações burocráticas de RH e atuar com foco em projetos, como uma verdadeira empresa de consultoria em gestão de pessoas. O profissional de RH deve ser um parceiro do negócio, ou, como se costuma dizer hoje em dia, um *business partner*. O consultor interno deve atuar como um facilitador de processos, que diagnostica, busca alternativas, esclarece dúvidas sobre aplicações de políticas. Deve ser um *coaching* para o cliente, assessorando-o na busca de suas metas, apoiando-o no gerenciamento de pessoas e fortalecendo o seu papel como gestor.

E onde começam as mudanças? A resposta é simples: nos próprios profissionais de RH. Provavelmente essa será a mudança mais difícil, pois romper modelos mentais, muitas vezes erroneamente confortáveis, é um grande desafio.

Os profissionais de RH devem direcionar sua atuação para um cenário atualizado. Os aspectos burocráticos e administrativos tenderão a ter cada vez menos relevância e serão eliminados, terceirizados ou absorvidos por sistemas automatizados. Para fugir disso, eles deverão assumir o papel de consultor estratégico para alinhar o desempenho individual e coletivo dos funcionários, além de elaborar políticas e desenvolver cultura que permita à gerência potencializar ao máximo os talentos dentro da organização. O interesse pelo mundo dos negócios é fator primordial. Altas direções argumentam que o RH não conhece as estratégias da empresa porque não pergunta. Chegou a hora de perguntar.

Marcelo De Elias

Consultor especializado em treinamentos de gestão e liderança. Atua como profissional de Recursos Humanos e é professor universitário. Leciona em cursos de pós-graduação e MBA em instituições educacionais. Graduado em administração de empresas com MBA em Gestão Empresarial Estratégica pela USP e em Desenvolvimento e Gestão de Pessoas pela FGV. Possui MBA executivo internacional junto à University of Tampa na Flórida/EUA. É pesquisador em gestão estratégica de pessoas. Auditor de sistemas de gestão com formação em Seis Sigma.

Site: www.marcelodeelias.com
E-mail: contato@marcelodeelias.com

Anotações

17

Faça-me sentir importante

Quando nos sentimos valorizados, liberamos nossas melhores qualidades. O gestor que consegue fazer com que cada integrante da sua equipe veja significado em suas atividades profissionais, sentindo-se importante com sua colaboração, consegue extrair o que de melhor cada um tem para dar

Márcia Rizzi

"Todos nós trazemos um cartaz invisível pendurado no pescoço, escrito em neon: 'faça-me sentir importante'"
Sheila Bethel

O que a Dra. Sheila Bethel nos ensina em seu livro *Fazendo a diferença: as 12 qualidades que o fazem um líder*, é que quando nos sentimos valorizados liberamos nossas melhores qualidades. O gestor que consegue fazer com que cada integrante da sua equipe veja significado em suas atividades profissionais, sentindo-se importante com sua colaboração, consegue extrair o que de melhor cada um tem para dar.

Fazer com que o outro sinta-se valorizado e perceba com clareza o significado da sua participação na equipe e na empresa é um dos caminhos para que os líderes consigam melhorar os resultados da organização.

Você quer fazer com que as pessoas que convivem com você, seja em casa, no trabalho ou mesmo entre seus amigos, se sintam mais valorizadas? Veja, então, algumas sugestões que elencamos a seguir, fruto de nossa observação enquanto consultores, nas diversas empresas que nos contratam, fruto de leituras ou assimiladas de tal forma que não conseguiríamos mais dizer sua fonte:

- **Ouça mais** – Procure ouvir com atenção as ideias dos colaboradores. Isso demonstra que você os valoriza. No dia a dia, observo como os líderes não são bons ouvintes e, devo admitir, até pouco tempo atrás eu também não era.

O primeiro alerta veio com uma frase de Peter Drucker que dizia: "A coisa mais importante na comunicação é ouvir o que não está sendo dito". Essa frase me levou a refletir e, deliberadamente, passar a ouvir, ouvir com maior atenção, com interesse em entender a mensagem.

Tempos depois, o trecho de um livro reforçou em mim a convicção de quão necessário é praticar a escuta ativa. Em *Este barco também é seu: práticas inovadoras de gestão que levaram o USS Benfold a ser o melhor navio de guerra da marinha americana*, o capitão Michael Abrashoff nos fala sobre os resultados advindos da prática de ouvir:

"Como a maioria das organizações, a Marinha nos preparou para falar e não para ouvir. Para divulgar ordens e não para colher sugestões. Decidi que minha tarefa era ouvir e aproveitar cada ideia boa que a tripulação oferecesse para melhorar o funcionamento do navio. Afinal, as pessoas que metem a mão na massa em um navio, muitas vezes percebem coisas que os oficiais não veem. Acredito que o capitão está sendo sensato ao se esforçar para ver o navio através dos olhos da tripulação. Essas entrevistas fizeram algo mudar em mim. Passei a respeitar mais a tripulação. Percebi que aquelas pessoas tinham esperanças, sonhos e entes queridos, precisavam acreditar que o que estavam fazendo era importante. Essa atitude transformou a tripulação, o navio passou por uma revolução e os resultados foram surpreendentes..."

Aprendizado: a maioria das pessoas quer ser ouvida, respeitada e compreendida. Quando isso acontecer, elas se sentirão importantes e retribuirão com o seu melhor.

Desafio: analise se você ouve para entender ou ouve para responder. Passe a exercitar a escuta ativa.

- **Reconheça e elogie** – Essa é uma das formas mais fáceis de fazer com que o outro se sinta valorizado.

Ken Blanchard, *expert* em gestão, diz que "devemos abordar as pessoas quando elas estão fazendo algo de bom". Esperar por quê? Reconheça de imediato e, ao reconhecer, elogie.

Nas empresas, o elogio é o *feedback* positivo. Ele sinaliza se o colaborador está indo bem e comprovadamente reforça comportamentos.

Procure observar-se e responda: como você se sente quando recebe um elogio? Fortalecido, presumo. As pessoas se sentem desvalorizadas quando criticadas e, ao receber elogios, fortalecidas.

Casamentos se deterioram por falta de reconhecimento, equipes têm alta rotatividade por falta de elogio, filhos recebem um sinal de que estão no caminho esperado ao se receber um elogio.

Ao longo da minha carreira, contei com gestores que sabiam elogiar. Aprendi e utilizei esta estratégia, assim colecionando amigos e resultados que, na maioria das vezes, superou expectativas otimistas.

O *feedback* positivo na empresa ou os elogios nos relacionamentos em família reforçam a autoestima de quem recebe, promovendo um clima cada vez melhor. "Filho, parabéns por essa nota boa em matemática", "querida, esse jantar ficou dos deuses!", "Carlos, sua participação na reunião desta manhã fez a diferença...", "Você fez um bom trabalho"!

Atuando como consultora, participo da vida de inúmeras empresas e noto quão parcimoniosos são os gestores no quesito *feedback* positivo, elogios. Eis uma economia burra.

Elogie o bom desempenho em público, isso multiplica o valor do elogio. E, ao elogiar, seja sincero. Quem recebe o elogio certamente se sentirá importante.

Aprendizado: o elogio sincero é como um farol que sinaliza caminhos.

Desafio: passe a contabilizar os elogios que distribui diariamente.

- **Incentive o sonho das pessoas** – *Sonhos X Contas a pagar* : o cobrador é mais convincente, logo corremos a pagar.

Muitos desistem dos seus sonhos por falta de incentivo. Compartilhar nossos sonhos com alguém é demonstrar confiança nessa pessoa.

No livro *Você é do tamanho dos seus sonhos,* César Souza nos desafia a buscar recursos e aliados para concretizar nossos sonhos e transformá-los em projetos de vida. "Todos nós sonhamos com uma vida tranquila, em encontrar um amor, ter filhos, garantir um futuro melhor para eles, obter sucesso na profissão, ganhar dinheiro, comprar a casa própria, viajar, conhecer lugares, engajar-nos em uma causa social ou ecológica, ter saúde e amigos. Mas, na maioria das vezes, nos entregamos à rotina, nos rendemos aos obstáculos e desistimos dos nossos sonhos. O apoiador do sonho alheio pode compartilhar do sonho do outro e se realizar com o feito".

Comece compartilhando os seus sonhos, assim o outro se motiva a falar sobre os dele. Ajude-o a entender os obstáculos e como enfrentá-los. Ofereça ajuda, esse pode ser o incentivo que faltava. A sua atenção e interesse farão com que ele se sinta valorizado e importante para você.

Aprendizado: nossos sonhos nos energizam.

Desafio: torne-se um colecionador de sonhos realizados, sejam os seus ou os daqueles que estão à sua volta.

- **Empatia e perdão** – A maturidade nos leva a entender as razões do outro e perceber-se no lugar dele, enquanto a imaturidade nos leva a julgar e acusar. Entendeu, perdoe. Perdoou, esqueça. O perdão tem tamanha importância, que na Universidade de Stanford, no Estado da Califórnia, EUA, foi criado, há uma década, o projeto para o perdão. Aulas sobre a técnica para o perdão, grupos de estudo com acompanhamento terapêutico encorajando os participantes a ter maior responsabilidade sobre suas emoções e ações, desafios e quedas em suas vidas. Empresários fazem fila de espera para participar. À frente deste projeto está o Dr. Fred Luskin, autor do livro *O poder do perdão*, onde descreve casos de melhora da saúde física e emocional com a prática do perdão.

Perdoar significa cancelar. Praticar o perdão aliado à empatia leva a melhores relacionamentos, trabalho em equipe mais produtivo e maior qualidade de vida. Ruminar o erro e buscar caminhos para corrigir, punindo exemplarmente quem o cometeu sem considerar as intenções, apenas o resultado, levará por terra seus esforços de unir a equipe em torno de algo comum. Em equipe, todos se sentem responsáveis por tudo que ali é produzido, assim, aquele que errou representa a equipe. Não apenas o diretamente envolvido, mas todos que fazem parte da equipe sentir-se-ão importantes para a organização e para você sempre que tratados com consideração e compreensão. Se você deseja melhores resultados em equipe, invista na empatia, reconhecendo as boas intenções na atitude do outro e, se o erro aconteceu, aproveite a oportunidade para aprender evitando que se repita.

Aprendizado: se você deseja melhores resultados em equipe e melhores relacionamentos, invista na empatia e no perdão.

Desafio: entendeu, perdoe. Perdoou, esqueça.

- **Dê crédito ao autor da ideia** – Essa sugestão foi de tal pessoa. Faça com que todos saibam que a ideia foi da outra pessoa e o seu mérito foi reconhecê-la como boa e aproveitá-la. Não se apodere da ideia de outro, pois isso colocará em cheque a sua credibilidade. O gestor que aponta os autores das boas ideias e os enaltece frente aos demais integrantes da equipe, em todos os escalões da hierarquia, estimula que outros tragam sugestões, conseguindo assim melhorar os resultados da organização. Muitas empresas premiam ideias implementadas com um percentual do que foi possível ganhar ou economizar, ou mesmo com viagens e cheques. O reconhecimento é nobre!

"Os homens são parecidos em suas promessas. Eles só diferem em seus atos". (Molière)

Prometeu, cumpra. Ao reconhecer, você fará com que suas ações gritem bem mais alto que suas promessas. Ao reconhecer, você será mais respeitado e receberá o mesmo tratamento por parte da equipe. O reconhecimento faz com que todos nós nos sintamos importantes.

Aprendizado: estou aqui como mero representante da equipe que construiu esses belos resultados. Esse prêmio é de vocês!

Desafio: Dai a César o que é de César...

- **Valorize o trabalho em equipe** – Estar em equipe é uma boa oportunidade para aprendizado e convivência.

"Juntos somos maiores do que somados". Essa frase foi extraída do filme *O Senhor dos Anéis*, adaptação para treinamento sob o título *Sinergia*.

Atmosfera de confiança, satisfação pela convivência, prazer na construção conjunta, metas claras, papéis, responsabilidades e tarefas bem definidas favorecem o desenvolvimento do ambiente em que a equipe atua, minimizam conflitos e maximizam resultados.

A maior diversidade dentre os componentes de uma equipe leva a melhores resultados. Conviver com a diversidade requer flexibilidade e aceitação. Assim, todos se sentirão respeitados e valorizados.

Aprendizado: o espírito de equipe nasce do constante aprimoramento da comunicação, apoio mútuo e união.

Desafio: se você pudesse escolher a equipe ideal, como ela seria? Como você pode transformar a sua equipe nessa equipe ideal?

Finalizando, quero enfatizar como você, que nos acompanha nestas páginas, é importante para nós!

Sua atenção nos fortalece e motiva a prosseguir. Muito obrigada!

Márcia Rizzi

Bacharel em Ciências Jurídicas, pós-graduada em Administração pela FAAP, AMANA-KEY Liderança e Gestão de pessoas, MBA em RH pela USP, *Coach* com formação pelo ICI – *Integrated Coaching Institute* e IDPH – Instituto de Desenvolvimento do Potencial Humano. Desenvolveu carreira na Caixa Federal, chegando a Gerente Regional e Superintendente de Negócios. É *coach* e facilitadora de treinamentos na área comportamental. É autora de diversos manuais para treinamento e coautora nos livros da Editora Ser Mais: *Ser+ com Coaching* e *Palestrantes Campeões*.

Site: www.marciarizzi.com.br
E-mail: marizzi@uol.com.br

Anotações

18

Pessoas, processos, sistemas: qual música a sua empresa produz para os nossos ouvidos?

A música é uma das formas mais estruturadas da inteligência e sensibilidade humana. Poucas organizações e líderes fazem uso dessa ferramenta que o universo gratuitamente nos oferece

Marcus Vinicius P. Oliveira

Desde as descobertas estabelecidas pela física no século XX, a evolução do mundo ganhou novas dimensões em relação à profundidade e velocidade da produção de conhecimentos. Entramos em um novo ciclo tecnológico porque descobrimos que os átomos, até então elementos indivisíveis, são compostos de partículas infinitamente menores que giram em torno de um núcleo, de forma caoticamente organizada, produzindo vibração e energia. Daí o surgimento de grandes invenções, juntamente com novos questionamentos. Em outras palavras, o que nos chama a atenção é que aquela partícula indivisível postulada por Demócrito, há mais de 25 séculos, é uma estrutura organizada funcionando em determinadas frequências! E, por dedução, chegamos à conclusão de que somos seres compostos por bilhões de partículas organizadas: somos, em essência, som e luz.

Vários autores da área do comportamento humano, em seus modelos intuitivos, preconizam esta premissa. É o caso de Weil[1] (1997), quando aponta que somos luz e espaço ao olhar para os relacionamentos humanos: "*Vistos à distância, somos luz e espaço. Quando duas pessoas se aproximam, um forte clarão pode ser visto; quando se afastam a luz se apaga e então nos restam os espaços*". Nesta mesma linha de abordagem, Moscovici[2] (1997) lança seu olhar para a saúde do mundo empresarial, considerando principalmente o papel da liderança no direcionamento de objetivos e metas versus as dinâmicas e contradições da cultura organizacional. Em seu livro *A Renascença Organizacional*, a autora diz que "*luz e sombra são duas realidades que devem ser igualmente trabalhadas dentro das empresas*".

Adentrando nos propósitos mais específicos deste texto, podemos chegar às abordagens da musicoterapia no mundo empresarial para compreendermos os espaços de sons (direcionamentos, tensões, dominações e contrapontos) e de silêncios (pausa, reflexões, resistência e submissão), de modo a traçarmos outras perspectivas para as subjetividades associadas aos relacionamentos humanos, seus mecanismos para a estruturação de objetivos, estratégias de mercado e de modelação de processos internos, chegando à complexidade da própria cultura organizacional[3]. Conforme cita Steinberg (2006), é preciso dar corpo às vozes organizacionais, transformando-as "numa escuta de subjetividade, num caminho para o desejo através do silêncio; numa escuta do silêncio, de sons, ruídos e de músicas".

Sinteticamente, podemos dizer que as organizações se constituem em espaços de transição de energias e vibrações que se transformam em constelações de sons nas mais variadas formas e intensidades. Por isso, é imprescindível saber se no conjunto destas interações, seus silêncios e sons conseguem produzir uma ideia harmônica

[1]Pierre Weil é o autor do best-seller "O corpo fala". Foi reconhecido pela UNESCO como O Educador para a Paz.
[2]Fela Moscovici é psicóloga e foi Fundadora e Didata Mestra da Sociedade Brasileira de Dinâmica de Grupo.
[3]"*Cultura organizacional é um conjunto de valores, expressos em elementos simbólicos e em práticas organizacionais, que em sua capacidade de ordenar, atribuir significações e construir a identidade organizacional, tanto agem como elementos de comunicação e consenso, como expressam e instrumentalizam relações de dominação*". (FLEURY, 1989)

e musical. Neste contexto, produzir música significa dizer que os colaboradores de uma empresa no uso de recursos, apropriações de processos e interações com os clientes internos e externos conseguem obter resultados percebidos como harmônicos e sustentáveis pelas várias partes interessadas. Avançaremos, então, para os elementos musicais (melodia, harmonia e ritmo) a fim de compreendê-los dentro do universo organizacional e dos mecanismos de liderança.

1. **Melodia**

De forma simples, podemos dizer que a melodia[4] é a voz principal de uma composição, sendo concebida por sons e silêncios, apoiados pela harmonia e pelo ritmo. É através de uma sequência melódica que, usualmente, nossos ouvidos reconhecem uma música. Se projetarmos esta questão para as organizações, rapidamente podemos chegar a expressões correlatas utilizadas pelas ferramentas administrativas, ou seja, quando falamos de melodia queremos enxergar a razão de ser de uma empresa, sua missão.

Muitos relatos indicam que estabelecer claramente o negócio de uma organização pode ser um privilégio de poucos ou de estruturas mais amadurecidas. Este fato, inclusive, pode estar presente no nível da alta direção, ou seja, não se sabe claramente qual é a música a ser cantada. Talvez seja este o ponto que diferencia os grandes líderes e CEO's:

- ou porque fazem a voz principal (estabelecem o direcionamento);
- ou porque são capazes de reger todas as vozes (capacidade estratégica de enxergar o público e a orquestra).

2. **Ritmo**

Ritmo[5] é a métrica de uma composição com alternância de sons fortes e fracos. É o principal elemento da música, responsável pela nossa noção de tempo sob o aspecto biológico (ritmo cardíaco, respiração) ou sob o aspecto das convenções sociais (mês, ano, hora).

O ritmo está relacionado a uma regulação de tempo interno (nossa pulsação) e simultaneamente ao tempo dos estímulos externos (velocidade do trânsito, passo das máquinas). Conforme, (MARQUES & MENNA-BARRETO, 2003), "...se o ambiente oscila, uma espécie para se adaptar a ele precisa oscilar também e a adaptação temporal consiste na harmonização entre a ritmicidade biológica e os ciclos ambientais".

Sob este ponto, o ritmo, dentro das organizações, é o principal elemento de estresse e, quase na totalidade das vezes, este fato pode

[4]Do grego *melóidía* – canção, canto, coral.
[5]Do grego *rhytmos* – tudo que flui, que se move, movimento regulado.

ocorrer pela forma como os líderes gerenciam planos de ações/projetos e os recursos associados aos mesmos. Neste caso, o estresse é uma resposta de medo associada à constante repetição da necessidade de uma entrega em velocidades incompatíveis com o tempo natural dos acontecimentos.

Para exemplificar uma forma bem clara desta dissociação de ritmo em líderes, basta que recorramos aos gestores que rotineiramente convocam reuniões em horários que irão extrapolar o período de trabalho ou estabelecem suas comunicações de *e-mails* à noite ou durante os finais de semana. Analisar estas questões é fundamental para a saúde das pessoas e das organizações.

3. **Harmonia**

É o campo da música que estuda as relações de encadeamento dos sons simultâneos ou acordes. Talvez seja o elemento mais importante e de difícil estudo junto às organizações, pois implica em um treino apurado da audição das pessoas dentro do emaranhado dos processos empresariais. É deste ponto que provêm os trabalhos mais elaborados junto às equipes de alto desempenho.

Conforme os preceitos da musicoterapia, cada indivíduo tem o seu ritmo, timbre e sonoridade predominante[6]. Ao avaliarmos uma equipe, é muito importante que saibamos individualmente a sonoridade do grupo, qual é o acorde formado pelo conjunto de seus membros e respectivo grau de dissonância.

Em um dos trabalhos realizados no ano de 2009 junto a uma equipe de alto desempenho, foram avaliadas as sonoridades dos membros e suas respectivas capacidades em lidar com as diferenças, visto que a direção indicava baixa produtividade na entrega de relatórios e de cumprimento de prazos dos projetos. Durante a avaliação, a primeira constatação foi de um acorde altamente dissonante, cuja audição "chocou" o próprio grupo. Outro ponto importante foi a detecção da baixa maturidade dos membros da equipe para lidar com as diferenças. Diante dos resultados, duas ações foram executadas: nova organização de equipes com maiores afinidades e o trabalho específico, com exercícios de aproximação e de flexibilidade. A simples reorganização dos grupos gerou imediatamente a melhoria do clima organizacional e o cumprimento dos prazos dos projetos.

Contudo, neste caso específico, deveríamos acrescentar os aspectos de liderança no trabalho de recomposição dos timbres[7] de voz e de suas respectivas intensidades. Por vezes, os distanciamentos acontecem por respostas estereotipadas em função de associações do timbre

[6]*Sonoridade predominante refere-se às doze notas musicais instituídas no mundo ocidental.*

[7]Timbre é a característica sonora que nos permite distinguir sons de diferentes fontes que estejam na mesma frequência. Através desta propriedade, distinguimos os diferentes instrumentos musicais e vozes humanas.

e da intensidade da voz de nossos superiores frente a situações de insucesso. Deste momento em diante, existem alterações de humor e batimento cardíaco a cada intervenção de nossos superiores, mesmo em situações de recompensas.

4. **Conclusões**

O fato é que mesmo que as empresas, na figura de seus líderes, ainda não tenham esta percepção, a música é uma das formas mais primitivas e bem elaboradas pelo ser humano para harmonizar relacionamentos e ambientações. Por isso, é preciso descobrir os registros sonoros nos quais uma empresa possa criar as referências, diálogos e harmonias, no sentido de estabelecer processos interdependentes e complementares que possam ser percebidos pelos nossos clientes em suas audições conscientes ou inconscientes. Isto é, produtos e serviços que ofereçam, direta ou indiretamente, uma experiência de bem-estar.

Como exemplo, fica o caso de uma empresa de sucesso, predominantemente familiar, que relata a dificuldade de integração entre áreas, dificultando a implantação de um software de gestão integrada. Durante dois dias de investigação pelas dependências da empresa, foram levantadas evidências de que em um dado momento histórico que coincide com a entrada de um grupo de investidores, a organização perdeu sua referência musical, ou seja, sua sonoridade caracteristicamente aconchegante. Por isso, a devolutiva do diagnóstico foi trabalhada ao som do *Cânone em Ré Maior*, de Pachelbel[8], a fim de reconstruir a ambientação para *insights* e sensações, visto que o cânone é uma estrutura musical normalmente confortante devido à repetição sequencial de linhas melódicas sobrepostas no tempo. Ao final do encontro, diz o Presidente: "Parece que retornei à minha casa".

Por fim, nada melhor do que uma citação de Stravinsky para sintetizarmos a importância da música para as pessoas, seus processos e organizações: "*A música nos foi dada com o objetivo único de colocar ordem nas coisas, incluindo, particularmente, a coordenação entre o homem e o tempo*".

Referências

FLEURY, M. T. (1989). *O desvendar a cultura de uma organização*. São Paulo: Atlas.

MARQUES, N., & MENNA-BARRETO, L. (2003). *Cronobiologia: princípios e aplicações*. São Paulo: EDUSP.

MOSCOVICI, F. (1993). *Renascença organizacional - o resgate da essência humana*. Rio de Janeiro: José Olympio.

STEINBERG, M. (2006). *Musicoterapia organizacional. XII Simpósio Brasileiro de Musicoterapia*.

WEIL, P. (1997). *Palestra: Espaço e luz nas organizações*. Uberlândia - MG.

[8]Johann Pachelbel (1653 – 1706) foi um músico alemão do Período Barroco.

Marcus Vinicius P. Oliveira

Psicólogo organizacional, poeta, compositor e articulista. Especialista em Qualidade & Produtividade pela Fundação Carlos Alberto Vanzolini (USP). Trabalha há 16 anos como consultor e treinador nas áreas de sistemas de gestão, aconselhamento e inteligência organizacional, adotando uma metodologia única que mescla a abordagem existencialista às técnicas da engenharia de produção, adocicadas com suas reminiscências mineiras. É o idealizador dos treinamentos musicados no formato de Worshows junto com grupos corais e violonistas e pela montagem da Rádio Qualidade 1002,7. É autor do livro de bolso *O passo além da competição* – Edição Liner. Ministra treinamentos e palestras sobre os temas: trabalho em equipe, harmonização empresarial, mudanças, liderança e motivação. É sócio-fundador da Liner Consultoria.

Site: www.linerconsultoria.com.br
E-mail: marcus@linerconsultoria.com.br
Telefone: (11) 9279-8572

Anotações

19

Demissão: mito e tabu na Gestão de Pessoas

De que modo devemos lidar com uma demissão em nossa vida? De que modo elas alteram – seja positiva ou negativamente – a nossa maneira de ser e agir profissionalmente? Quais aprendizados podemos tirar de um processo deveras traumático como esse? Essas e outras questões é o que o presente artigo pretende abordar

Maria Rita Sales

O diálogo sobre sobre DEMISSÃO nos remete à história de vida dos povos, a luta pela sobrevivência, aos redirecionamentos, ao imprevisível, aos confrontos, angústias e descobertas de cada um e, sobretudo, do recomeçar.

Este tema desde sempre causa repulsa e atração, primeiro pela diversidade de sentimento que gera, segundo por concretamente ser um momento de cisão onde as pessoas são levadas a se conhecer mais, a se reinventar, serem pró-ativas e, além disso, desfazerem-se dos mitos e tabus impostos na fase do seu desenvolvimento. Afinal despregar-se de rótulos, do status estabelecido pelo título do cargo que ocupa na grande mãe não é uma empreitada fácil. Sobretudo quando ela, a empresa, torna-se megera.

Tanto na situação da DEMISSÃO quanto nas situações de mudanças em geral é travada uma batalha interna onde o ser humano empreende todo esforço para preservar uma condição alcançada, que ele pensa ser definitiva, garantindo assim, em linhas gerais, a sua sobrevivência.

De um modo geral o ser humano na atualidade absorve os "vários papéis que lhe são imputados", acumulando-os por anos a fio, muitas das vezes com scripts apáticos, infelizes, frustrados, justificando suas atitudes da forma mais palatável para seu cérebro.

Acompanhemos alguns episódios:

Paula, 15 anos trabalhava em uma Joalheira no Posto 6 em Copacabana/ RJ, década de 80. Seu chefe, um bravo italiano, havia alertado:

- Domingo trabalharemos. É seu dia de trazer a chave!

No alto dos seus 15 anos decidiu que não iria. Duvidava que a equipe de Relações Públicas (RP´s) fosse trabalhar naquele ensolarado domingo. Decidiu estudar a famigerada tabela periódica da prova de química.

Equivocou-se!!! Foram todos os RP´s e o chefe italiano. Recebeu um telefonema curto e rude seguido da demissão nua e crua já na segunda-feira. A jovem assustada, chorava, pedia mais uma chance, mas o italiano foi firme: "Não há chance para irresponsabilidade. Isto é para você aprender! Guarde esta palavra: *RESPONSABILIDADE.* "

Marcella jovem destemida, 23 anos, combativa, atenta, ágil, sabia tudo. Após sete anos de serviços prestados estava inconformada. Atuava em um setor chamado CADASTRO e precisava ensinar todo o serviço ao jovem contratado que certamente ocuparia seu lugar. Não se cabia de tanta ira. Criticava, pouco colaborava e desencantada demonstrava a todos sua frustração. Ao gerente da área de informática coube a dolorosa tarefa de dispensar aquela jovem que tinha sido muito dedicada, cujo temperamento tornara-se intolerável. *"Não precisamos mais dos seus serviços. Amanhã não precisa vir"*. Assim foi feita a demissão também na segunda-feira. Precisava ter, guarde esta segunda palavra: *MATURIDADE*.

Mariana, 31 anos, saiu da cidade maravilhosa, migrando para o interior. Trabalhou com afinco por três anos, dando o seu melhor, encarando desafios, estudando, tolerando, lidando com vários tipos de pessoas. Mais responsável que Paula aos 15 anos e mais madura que Marcella aos 23 anos, tinha por meta treinar pessoas. Em uma sexta-feira a tardinha, a Gestora da área por quem ela nutria profunda admiração e respeito a convidou para uma conversa onde foram relatados os motivos da sua demissão. O mais aflitivo era ouvir daquela de que esperava total apoio, que não tinha as competências suficientes para atuar com T&D, por ser muito sorridente pouco discreta e, além disto, gozar de pouca credibilidade junto às pessoas... Mariana discordou da maioria das coisas que ouviu. Nem por isto sua demissão deixou de ser concretizada. Guarde esta terceira palavra: *COMPETÊNCIA*.

Três vidas, três demissões e um desfecho.

A relevância deste artigo está contida nos vários eventos observados nos mais de 23 anos de atuação na área de Gestão de Pessoas - Recursos Humanos cuja inquietação produziu a aplicação de uma pesquisa denominada demissão: **Dói, Mói ou Constrói?**.

A questão apresentada a 366 respondentes objetivou apurar sentimentos, emoções e reações resultantes da bendita ou maldita DEMISSÃO.

Os universos, segmentos de trabalho e regiões do Brasil diversificadas mostraram uma fotografia macro dos motivos que levam à demissão ou ao seu pedido; os principais motivos para optar pela condição de celetista (carteira assinada); como se processa o sentimento após a saída da empresa e o que garante a permanência do sujeito na empresa.

A demissão portanto **Constrói 84%** - **Mói 10%** e **Dói 6%,** segundo os 366 respondentes.

E porque constrói? Por ser a DEMISSÃO o ponto, o precipício que força, permitindo as pessoas olharem outras facetas de si próprias, tais como: sua agressividade, capacidade de frustração, a forma como se relaciona e manipula o ambiente e as pessoas, sua atuação versus resultados e finalmente suas competências. Tanto as conhecidas quanto as que carecem de identificação ou que precisam ser eliminadas por estarem obscurecidas pela certeza da estabilidade.

O privilégio de não sermos fixados no chão nos faz libertos, para deslocamentos e possibilidade de vivenciar outras realidades a cada período de nossas vidas, escolhendo e mudando rumos.

Evitar cultivar a ilusão sobre a perenidade, continuísmo de coisas que são transitórias dá ao ser humano a noção real de que tudo é finito o que gera paz interna. O indivíduo fica desonerado de controlar o incontrolável, gerenciando apenas a realidade que lhe cabe.

Tendo observado alguns desfechos de demissões, programadas e responsáveis e outras arbitrárias e inconseqüentes, pode-se constatar sentimentos antagônicos de compaixão e indignação trazendo indagações sobre a perda e o perder das partes envolvidas.

Quando demitidas as "vítimas" vêem-se obrigadas a mudar de atitude, de postura e principalmente a repensar sua vida frente à perda do status, da identidade e lugar de pertencimento, conforme a Teoria das Necessidades de Abraham Maslow.

Algumas constatações vieram à tona, tais as como necessidades de maior clareza, justiça e equilíbrio no processo demissional; sua adequação à estratégia da empresa e a quem cabe a responsabilidade deste desfecho. Ao ingressarmos em uma festa, o anfitrião se incumbe dos dois momentos: receber e despedir. Nas empresas em geral, no ingresso, o proprietário faz questão de recepcionar o trabalhador, mas na despedida a tarefa é delegada a "outro" e isto piora quando o "outro" desconhece em absoluto a história de quem está sendo "despedido". Em Vitória/ES existe uma empresa que denominou sua entrevista de desligamento como "entrevista de despedida" o que dá o sentido efetivo da ação.

Embora não pareça, a demissão em si afeta a todos (proprietários, gestores, supervisores, encarregados), que passam a ser no senso comum tiranos e perseguidores.

A dificuldade de o empregador desfazer este vínculo constituído na admissão através do contrato de trabalho é fato. A "finitude" não é naturalmente encarada por nenhuma das partes.

Sofrer perdas não é necessariamente um talento humano. Somos desde cedo estimulados e orientados a adquirir, acumular e ganhar sempre.

Nas empresas a fim de gerar maior comprometimento por parte do trabalhador, em geral, há o reforço contínuo de mensagens subliminares dispensadas à equipe, tais como: "*somos uma família*", "*vista a camisa*", "*você é importante no time, no processo*", "*preciso de você para mais este desafio*".

Retirando toda a dissimulação corporativa passível ao ser humano, façamos uma sincera reflexão:

É possível demitir familiares? A quem cabe dispensar os heróis, homens e mulheres que dão suas vidas em prol de um sonho de alguém ou um grupo de investidores? Sobretudo àqueles que se destituem das suas vidas. Esta é uma longa e polêmica discussão.

Cabe a cada um de nós, que já viveu ao menos uma demissão, refletir sobre seus efeitos colaterais como por exemplo a perda absoluta e referencial e afastamento dos muitos "amigos" sobretudo para quem se respaldava no PODER.

Em outra instância faz-se importante compreender o personagem tido como "algoz", aquele que pela natureza do seu papel ou função concretizou demissões seja individual e coletiva.

Finalmente os convido a ponderar sobre as demissões realizadas por ocasião da perda de contratos, quando as empresas de menor porte são as que perdem espaço, as quais muitas vezes trabalham anos a fio para apenas um cliente. Um movimento brusco do mercado torna o cenário desfavorável para sua preservação, fazendo-a desmantelar-se e disponibilizar de uma só vez no mercado dezenas de vidas cujas famílias se abstêm repentinamente de uma identidade, situação, plano de benefícios, gerando muitas vezes causas trabalhistas inexplicáveis e intermináveis não somente pelos direitos às vezes escusos, mas também pela mágoa de ser descartado.

A demissão enfim não é um atributo do indivíduo tão somente. Cabe uma reflexão mais ampliada sobre o tema, das particularidades que a envolvem. A finalidade? Fazê-la um procedimento racional, esperado tanto quanto todos os outros procedimentos existentes dentro da Gestão de Pessoas.

Antes de julgar e condenar o réu, ainda que seja uma pessoa jurídica faz-se necessário uma leitura acurada e responsável de toda a situação, pois todos sem exceção possuem suas próprias limitações e expectativas. Tabus existem para serem questionados, confrontados e dissolvidos. Já o mito nos remete ao rito que entre outros significados pode significar passagem, transição para uma condição diferenciada da situação presente.

Tendo confirmado que a demissão constrói e que faz parte de um processo de transição, nos resta fazer o nosso melhor enquanto "pregados" em alguma empresa, buscando gerar alternativas, evitando assim sustos, rupturas traumáticas e despedidas litigiosas.

Paula, Marcella e Mariana jovens destituídas de uma visão racional das suas atitudes usaram suas demissões para empreenderem alternativas que possibilitaram autonomia, protagonismo e bem-estar em suas vidas. Hoje militam em Desenho de Bijoux, Tecnologia da Informação e em uma Empresa de Treinamento e Desenvolvimento, contrariando previsões e estereótipos a elas imputados.

Que possamos ter responsabilidade, maturidade e competência suficientes para ingressar e nos despedirmos das oportunidades, vislumbrando que o melhor está por vir.

Maria Rita Sales

Mestre em Criatividade Aplicada Total pela Universidade de Ciências da Educação Santiago de Compostela - Espanha (1999). Especialista em Gestão de Políticas Públicas em Gênero e Raça em curso NEAD-UFES – Universidade Federal do Espírito Santo (Término em abril de 2012). Aluna especial no mestrado de História - Universidade Federal do Espírito Santo (UFES - 2010/2011). Pesquisadora do NEI - Núcleo de Estudos e Pesquisas Indiciários - UFES. Especialista em Psicologia Organizacional pela FEFACEL/RJ (1989), Graduada em Psicologia pela Federação das Faculdades Celso Lisboa (1988), Educadora na Formação de Psicólogos e Especialização de profissionais em Gestão de Pessoas e subsistemas em RH. Escritora de artigos, crônicas, ficção, infantis e temas afins da presente *expertise*. Palestrante de temas como identidade, comportamento, empreendedorismo e conflitos. Atuou com Psicoterapia na abordagem existencial fenomenológica por duas décadas.

E-mail: mariaritaescritora@terra.com.br
Telefone: (27) 9922-7919

Anotações

20

Liderança sem paixão é engano

Todo homem de sucesso necessita ser empreendedor, criativo, entender claramente seu objetivo, ter uma dose de ousadia e possuir metas bem elaboradas. Mas, para possuir tal performance, muitos livros, artigos, autores e educadores cometeram o grande erro de não citar a PAIXÃO, porque empresa sem entusiasmo não sobrevive

Maricy Kariny S. Oliveira

Maricy Kariny S. Oliveira

Liderar com paixão é essencial para ser um bom líder e contribuir para o resultado final da empresa e das pessoas. Um líder carrega em si suas qualidades e defeitos como ser humano, marcas de sua personalidade, de seus medos e de seus sonhos, e tudo isso definirá sua grandeza ou insignificância.

Quando admiramos líderes clássicos, como Jesus Cristo, Martin Luther King, Madre Tereza de Calcutá, Gandhi, nos inspiramos pela forma como desejavam alcançar objetivos que envolviam grandes realizações. Eram obstinados por suas ideias, acreditavam ao ponto de morrer por elas. Possuíam uma visão grandiosa de um mundo melhor e tinham ações corajosas para expressar sua missão.

Todos eles sonharam com algo muito maior do que si mesmos. Os sonhos dos grandes líderes acabavam se tornando seu propósito de vida. Sempre envolvidos na criação de um mundo mais virtuoso, possuíam, na verdade, fé.

Mas como faziam isso? Não existe "pó mágico". Está relacionado à mente e ao sentimento que possuíam com os seus propósitos e pelas pessoas. A liderança, como um elemento crítico no sucesso da organização, tem que ser acompanhada de paixão.

Estava, uma vez, em uma reunião de empresários e um deles contou a sua própria história. Relatou que seu pai vendia lotes quando era criança e isso o envergonhava, até o momento em que seu pai disse que tinha uma grande paixão por sua profissão porque vendia, na verdade, o mundo, pedaços do mundo para as pessoas morarem. O filho, hoje, é corretor de imóveis e tem paixão por sua profissão. Ao sairmos da reunião, um amigo advogado me disse que, ao ouvir a história, teve também vontade de ser um corretor de imóveis. A paixão encanta, convence, provoca desejo e admiração.

A concepção de liderança ganhou uma importância ainda maior nos últimos anos. Todos falam sobre trabalho em equipe, formação de equipes e projetos de equipe "porque duas cabeças pensam mais que uma"... E que equipe permite um nível de colaboração que não se consegue quando se trabalha isoladamente? Escreve-se e divulga-se que a inteligência coletiva, inovação e visão são mais poderosas e mais representativas que conhecimentos e visões individuais.

Mas os líderes são exemplos que demonstram a ética e as características necessárias por todos no ambiente de trabalho, porque eles são os agentes das mudanças, mentores dos indivíduos envolvidos. Ser um mentor consiste em importante parte na criação, adoção e sustentação do desejo de mudança de *performance*. Porém, os líderes não estão gerando bons resultados nas empresas da vida real.

Para ocorrer colaboração, é necessária uma quebra das barreiras culturais, políticas e execução de tarefas. Se isso ocorre, tem-se um método poderoso de mudança dentro das empresas. Por outro lado, o modo como será feito é também de extrema importância. Você não pode simplesmente juntar um grupo de pessoas e lhes fornecer uma tarefa para ser feita em conjunto. Formar equipe é considerada uma das tarefas mais complicadas e deve haver no grupo um líder forte e apaixonado por pessoas disposto a trabalhar, visando consenso e não forçar resultados baseando-se em preferências pessoais.

Um verdadeiro líder deve estar disposto a entender diferenças culturais e desenvolver um modo efetivo de trabalho dentro dessas características. A diversidade das pessoas que formam a empresa tem que ser vista como uma oportunidade incrível para trazer riqueza e entendimento para dentro do ambiente de trabalho. Se isso é visto de forma negativa pelo líder da equipe, como uma barreira, então será uma barreira. Sucesso vem de acreditar que tudo é possível e respeitar as diferenças e, para se ter sucesso, tem que ser apaixonado pelo que faz e por quem faz, além de contagiar as pessoas ao redor.

O líder mais exemplificado, merecidamente, sem segundo lugar próximo neste quesito, chama-se Jesus Cristo. Ele tinha plena consciência do que fazia e era obstinado pela causa. Tinha metas e prioridades bem estabelecidas, era ousadíssimo em expressar seus pensamentos, não se deixava intimidar pelo autoritarismo da época, trazendo-lhe frequentes perseguições e sofrimentos.

De todas as características dele, a paixão pelo homem é a mais elevada e a mais difícil de ser compreendida, é incompatível com a nossa razão social, capitalista e empresarial. As metas de Cristo não poderiam ser cumpridas com 12 gerentes, coordenadores, supervisores, líderes empresariais, como temos hoje, e nem com os nossos colaboradores individualistas nas equipes. Vivemos o interesse umbilical.

Cristo gostava de conviver com as pessoas sem qualquer valor social, não tinha qualquer discriminação. Ninguém, por mais imoral e defeitos que tivesse, era indigno de se relacionar com ele. Ele se doava sem esperar nada em troca. Como os líderes atuais poderiam transformar a falta de equipes verdadeiras nas empresas, se a tendência natural deles é se colocarem acima dos outros e de quererem que o mundo gire primeiramente em torno das suas próprias necessidades?

Quais são essas necessidades universais? Necessidades de amor, de sentir prazer, de divertir, de sonhar, de superar as angústias, de ter amigos de verdade, de achar a alma gêmea, de sorrir muito, de crer no sentido da vida, de diminuir ao máximo o *stress*, de descanso, de colo, de viver apaixonadamente.

A paixão de Cristo por pessoas era forte e sólida e ia muito além da motivação discursada pelos conferencistas da área de recursos humanos da atualidade; era verdadeira e, por isso, ele liderava para o bem comum. Ele era humilde, seguro e determinado, extremamente atencioso, paciente e educado. Era inteligente, perspicaz, um defensor, um justiceiro.

Os líderes desistem com facilidade dos seus colaboradores rebeldes, dos talentos problemáticos. As pessoas são simplesmente excluídas por falta de uma falsa expectativa errada do gerente ou por incompetência de um líder que não sabe tratar e influenciar pessoas. Facilmente perdemos a paciência com os outros, sob determinados focos de tensão, reagimos sem pensar antes e ferimos as pessoas. Não precisamos fazer esforço algum para sermos egoístas e individualistas, nisso somos espontâneos.

Contudo, se quisermos nos doar, trabalhar em equipe e nos preocupar com o bem estar social, precisamos de uma excelente educação e de um esforço diário para incorporarmos essas características.

Tenho visto, como professora, educadora e consultora, atitudes terríveis de líderes para com seus liderados. As pessoas estão insatisfeitas pela ausência de verdadeiros líderes nas empresas. É importante notar que as formas como os líderes reagem diante de problemas, resolvendo crises, recompensando e punindo seguidores, são todas relevantes para uma cultura organizacional, bem como a maneira pela qual o líder é visto, tanto internamente pelos seguidores quanto externamente pelos clientes.

A violência moral no trabalho não é um fenômeno novo, podendo-se dizer que é tão antiga quanto o próprio trabalho. A globalização e a consequente flexibilização das relações trabalhistas trouxeram gravidade, generalização, intensificação e banalização do problema. O individualismo é a nova tônica que caracteriza as relações de trabalho, exigindo do trabalhador um novo perfil: autônomo, flexível, capaz, competitivo, criativo e qualificado.

Também as pressões por produtividade e o distanciamento entre os órgãos dirigentes e os trabalhadores de linha de produção resultam na impossibilidade de uma comunicação direta, desumanizando o ambiente de trabalho, acirrando a competitividade e dificultando a germinação do espírito de cooperação e solidariedade entre os colaboradores.

Os líderes realizam *feedbacks* incorretos, *brainstorming* que causa uma confusão de ideias e agressões verbais. Eles promovem avaliação de pessoas e não de desempenho, não merecem nem mesmo receber o título de gerentes, imagine de líderes!

É muito importante, para um líder, entender o que motiva os indivíduos, incluindo preferências pessoais, virtudes, pontos fracos e influências do histórico da vida e da família em que a pessoa possui. Se você não leva em consideração a cultura do ambiente, e das pessoas que lá trabalham, as tentativas de mudança provavelmente fracassarão.

A exposição das pessoas, nas empresas, a situações humilhantes, constrangedoras, repetitivas e prolongadas, durante a jornada de trabalho e no exercício de suas funções, é comumente presenciada nas organizações das sociedades contemporâneas.

Essas desagradáveis experiências são mais comuns em relações hierárquicas autoritárias e assimétricas, nas quais predominam condutas condenáveis, relacionamentos desumanos e não pautados pela ética, de um ou mais chefes, dirigidos a um ou mais subordinados, desestabilizando a relação da vítima com o ambiente de trabalho e com a organização, forçando-a, muitas vezes, a desistir do emprego, quando existe a possibilidade.

O maior líder que pisou neste mundo apresentou o maior plano do mundo, foi o maior empreendedor do mundo, viveu o maior amor do mundo e causou a maior revolução do mundo. O resultado é que, com 12 pessoas, ele construiu a maior e a mais produtiva empresa desta terra, e que continuou com a sua ausência.

O mais ambicioso plano da história já foi realizado por Cristo, e da forma que os líderes se apresentam hoje, o espiritualismo deve se incorporar como parte importante nas empresas. Precisamos de um milagre!

Maricy Kariny S. Oliveira

Doutoranda em Ciência da Educação com ênfase em Psicanálise pela Universidade Evangelista do Paraguai e Cambridge – Londres. Mestra pela Universidade Federal de São Paulo (UNIFESP) na área de Gestão e também mestra em Ciência da Educação com ênfase em Psicanálise pela Universidade Evangelista do Paraguai e Cambridge – Londres. Possui MBA em Gerência de Projetos pela Fundação Getulio Vargas – SP (FGV/SP); especialização em Auditoria de Sistema de Saúde pela Fundação São Camilo (RJ); especialização em Enfermagem e Obstetrícia pelas Faculdades Unidas do Norte de Minas; especialização em Formação Pedagógica e Educação Profissional pela Universidade Estadual de Montes Claros (UNIMONTES). É autora do *e-book Desequilíbrio e liderança*: *uma soma de sucesso!* É professora universitária e possui vasta experiência na área de Recursos Humanos, Gestão de Pessoas e de Processos. Possui formação em Líder *Coach*. É consultora empresarial, consultora associada da empresa de consultoria Caminhos *Business Coaching*. E diretora executiva da empresa T&D Consultoria –Treinamento e Desenvolvimento.

Anotações

21

A Participação nos Lucros e Resultados e Gestão de Pessoas

Sem dúvida, mesmo passados mais de 20 anos, o tema é extremamente complexo, tanto quanto explosivo. Não foi por acaso que até mesmo o Congresso Nacional levou mais de cinco anos para definir a questão, transformando-a em lei apenas no ano 2000

Paulo Pereira

Paulo Pereira

Desde a publicação da Medida Provisória 794, em dezembro de 1994, que regulamentou a **participação dos trabalhadores nos lucros ou resultados das empresas**, em atenção ao dispositivo legal inserido na última revisão constitucional em 1988, vêm ocorrendo importantes debates e experiências sobre este controvertido tema.

No final dos anos 80 e início dos anos 90, tive o privilégio histórico de ter tido a oportunidade de participar e contribuir com um grande projeto em termos de Gestão de Pessoas. Muito polêmico, mas certamente audacioso e inovador, embora incompreendido muitas vezes, ironizado em outras, mas também aplaudido e admirado e até hoje praticado por muitos, no Brasil e no mundo.

Este projeto foi concebido, implantado e exercido com sucesso, e alguns insucessos, numa pequena e barulhenta metalúrgica em São Paulo, hoje um grupo de negócios, de nome Semco S.A., presidida por Ricardo Semler, apoiado, na época, por um guru em RH de nome Clóvis da Silva Bojikian e sua equipe, da qual orgulhosamente fiz parte, e até hoje meus admirados e respeitados amigos.

E, neste grande projeto, a "menina dos olhos" era o modelo Gestão Participativa e, dentre suas decorrências, o conclusivo projeto de participação dos trabalhadores nos **lucros e resultados das empresas**. Foi o primeiro acordo sindical entre metalúrgicos do ABC e de São Paulo, predominando duas grandes e pioneiras centrais sindicais, CUT e CGT.

Em consequência desta experiência bem-sucedida, estive em Brasília representando a Semco S.A. e seus interesses, em um seminário para discussão do projeto de lei sobre PLR (Participação nos Lucros e Resultados), de autoria do, na época, senador Fernando Henrique Cardoso, presente no seminário, juntamente com muitas outras autoridades de vários segmentos interessados no tema, incluindo deputados, ministros, ex-ministros, sindicalistas, membros da Dieese, entre tantos outros.

Estou convencido, e me orgulho disto, que naquele dia de discussões o projeto foi fechado e, anos depois, através da medida provisória 794, em dezembro de 1994, transformado em instrumento legal provisório. E ainda, dada a experiência da Semco S.A., consegui persuadir o grupo de discussões a modificar dois pontos polêmicos do projeto original, visando desvincular a PLR da remuneração convencional de cada trabalhador. O projeto original tinha este determinante defeito: confundia remuneração com participação, ou poderia confundir.

O primeiro ponto foi mudar a forma de pagamento, de trimestral para semestral. Alguns defendiam até mesmo o pagamento mensal, o que seria um erro, tanto do ponto de vista dos objetivos e propósitos nobres da lei, e, principalmente, do ponto de vista de arrecadação de impostos.

Não só no texto houve mudança na forma de pagamento para periodicidade semestral, como fui feliz em propor a inclusão de um novo artigo, hoje o artigo 9 da lei, que deixa explicitamente claro: "A Participação nos Lucros e Resultados não complementa e nem substitui os salários".

Sem dúvida, mesmo passados mais de 20 anos, ainda é um tema extremamente complexo, tanto quanto explosivo. Não foi por acaso que até mesmo o Congresso Nacional levou mais de cinco anos para definir a questão, transformando-a em lei apenas no ano 2000.

Afinal, quais são os benefícios e os riscos? Devemos cumprir a lei e encarar o assunto apenas como um 14º salário, ou um elemento estratégico para troca de reajustes salariais e/ou outras cláusulas sindicais, como vem sendo feito por um grande número de empresas, com a complacência de sindicatos, em todo o Brasil? Ou devemos aproveitar a oportunidade e revolucionar as relações "Capital e Trabalho" dentro de nossa empresa?

Se o pensamento de sua empresa for apenas cumprir a lei, nada do que está escrito daqui para frente vai interessar você, pois se for só para isso, é tudo muito fácil.

Basta, alternativamente, sua empresa: 1) contratar um bom advogado trabalhista; 2) esperar que as negociações patronais aconteçam ou 3) submeter-se às pressões isoladas de determinados sindicatos dos trabalhadores, que se utilizam deste instrumento legal para manipulá-los e chantagear suas empresas, propondo barganhas pontuais, transformando a **participação** em mais um puro encargo trabalhista.

Agora, se sua empresa quer aproveitar a "brecha" legal e revolucionar as relações com seus trabalhadores, o caminho que se tem pela frente é muito mais difícil e trabalhoso. A começar pelo fato de que não existe o certo e o errado sobre a questão. Existe sim o que é mais ou menos adequado para uma determinada empresa em um determinado momento.

Quais os objetivos que estamos pretendendo alcançar, se o propósito de nossa empresa não será apenas cumprir a lei? Esta pergunta é autoexplicativa. Muitos até a classificam de óbvia. Por isso cometem o erro (armadilha) de não respondê-la clara e adequadamente.

Não se sabendo para onde ir, é difícil saber o quanto se caminhou e, provavelmente, não se chegará a lugar nenhum. **Distribuição** ou **participação** nos lucros ou resultados? Para muitos esta dúvida pode ser semântica. Mas não é. **Distribuição** de lucros ou resultados é uma decisão unilateral da empresa, de caráter paternalista (ou não), ou algo obrigatório. É exatamente o que o governo fez com a regulamentação do assunto. A distribuição sempre será vista pelos trabalhadores como um 14º salário, que deverá ser pago com ou sem lucros ou resultados.

Já a **participação** nos lucros ou resultados não pode ser uma decisão unilateral da empresa ou algo obrigatório, tem que ser negociado. Neste caso, o que os trabalhadores recebem é fruto de um resultado que, conscientemente, ajudaram a construir.

Qual nível de transparência estamos dispostos a oferecer? No primeiro caso, **distribuição** pode ser manipulada nos exatos limites da lei. No segundo caso, **participação**, por coerência, precisa ser estimulada. Quanto mais informados estiverem os trabalhadores, melhor.

Como será o envolvimento do sindicato? Para muitos empresários, a resposta é dificultar ao máximo a interferência do sindicato, restringi-la ao mínimo obrigatório. Para eles, o sindicato, não importando as razões, atua de forma a dificultar, desqualificar e até mesmo inviabilizar a implantação de programas desta e de outra natureza.

Outro grupo, no entanto, acha que o envolvimento do sindicato pode funcionar como um elemento facilitador, visto como um aliado neste processo. Se a atitude de ambos os lados for séria, recomendo aprofundar o envolvimento. Caso contrário, recomendo levar o assunto à arbitragem profissional e agir de acordo com os tribunais.

Respondidas estas perguntas, é importante avaliar os aspectos legais inerentes ao programa. Não tenha medo de assumir alguns riscos. Precisamos acreditar no bom senso de nossos juízes, já que a interpretação pura e fria da lei não é suficiente.

De agora em diante, amplie o grupo em que se discute o assunto na empresa. É extremamente válido perceber e discutir como o programa estará sendo absorvido pela estrutura de poder dentro da organização.

Quais as ameaças ao pleno desenvolvimento dele? Como superá-las sem causar traumas? Quais as contribuições que o grupo ampliado poderá trazer ao programa? Reflita sobre os impactos externos à empresa como, por exemplo, a imagem da empresa diante da comunidade local, clientes, acionistas, fornecedores, concorrentes, autoridades e imprensa.

Dependendo da opção feita logo de início, ou seja, um programa de **distribuição** ou um programa de **participação**, a tarefa de apresentação, discussão e negociação, que agora se faz necessária, poderá ser muito simples ou muito complicada.

Poderá ser uma tarefa de apenas apresentar e informar o que a cúpula está disposta a fazer, como forma de cumprir a lei, ou uma etapa de profundos debates, críticas e sugestões. Uma etapa de negociação, por assim dizer.

Mesmo que a opção tenha sido por um programa nos limites da

obrigatoriedade legal, é importante que se tenha um mínimo de discussão sobre o assunto, principalmente internamente, envolvendo as principais lideranças (chefias e representantes legais dos trabalhadores).

É muito comum planos e programas, tecnicamente perfeitos e viáveis, fracassarem na implantação em decorrência do não envolvimento de lideranças ativas dentro da empresa. Afinal, mesmo em ambientes autocráticos e autoritários, é possível negociar alguma parceria ou comprometimento com os trabalhadores e lideranças.

Se até agora tudo correu bem, não se entusiasme demais. Agora você tem que cuidar da questão da comunicação. Adapte seus mecanismos de apuração de resultados e implante os procedimentos para sua divulgação. É fundamental que os números sejam claros, concisos, de fácil entendimento por todos e, principalmente, verdadeiros.

É preciso ter em mente que o descrédito e desconfiança estarão presentes em todas as fases do trabalho. Qualquer deslize poderá implicar no comprometimento de todo o programa. A experiência tem mostrado que para se conseguir os objetivos pretendidos é necessário um grande esforço permanente de comunicação, visando motivar e incentivar os trabalhadores a "vestirem a camisa" do programa.

Sobre qual resultado o trabalhador participa? Como ele pode interferir nestes resultados? Como ele os acompanha e os controla? O que depende dele? O que depende da coletividade? Estas e outras questões que virão à tona precisam, necessariamente, ser respondidas. No caso da **distribuição**, não se preocupe, as negociações patronais darão as respostas. Mas, no segundo, tente ser criativo. Simplifique o máximo que puder, procure ser original. A lei dá esta abertura. Escolha um resultado onde a maioria de seus trabalhadores perceba que pode modificá-lo.

Finalmente, um ostensivo acompanhamento do funcionamento do programa determinará o seu grau de sucesso ou insucesso. A partir de agora é vital o papel das lideranças da empresa. É preciso que todos estejam atentos e disponíveis às solicitações de esclarecimentos, às críticas, etc., que fatalmente surgirão. A pior atitude é o "empurrar" com a barriga. Na medida em que os problemas vão surgindo, precisam ser equacionados.

Todos fomos condicionados - uns mais, outros menos - a fazer apenas aquilo que é solicitado. Na maioria das empresas, erradamente, quem pensa e sugere é o chefe. Ele ganha para isso. Essa é a verdade que sempre foi vendida para a maioria dos trabalhadores.

Em se tendo consciência dessas condições e limitações, a tarefa de acompanhamento será menos indolor e, muito provavelmente, os objetivos pretendidos no início estarão sendo alcançados. Boa sorte!

Paulo Pereira

Administrador de Empresas com especialização em Recursos Humanos. Sua formação acadêmica e profissional consolidou-se em São Paulo. Atuou em importantes empresas dos segmentos financeiro e metalúrgico (Corporação Bonfiglioli e Semco S.A), sempre lidando com assuntos relacionados a recursos humanos, em especial nas áreas: Cargos e Salários, Relações Trabalhistas e Sindicais, Gestão Participativa e Recrutamento e Seleção de Pessoal. Desde 1990, atua como empresário, consultor e assessor empresarial, através da EVENTOS RH. Proferiu inúmeras palestras em congressos, seminários, cursos, empresas e importantes faculdades, como a USP e a Getúlio Vargas. Escreveu diversos artigos sobre sua área de atuação, publicados em grandes jornais e revistas como O Estado de S. Paulo, Folha de S. Paulo, Revista Exame, entre outros, e em revistas especializadas. Responsável pelo desenvolvimento do software "Elaborando o Próprio Curriculum", Autor dos livros: Enfrentando o Mercado de Trabalho; Profissionais & Empresas e Gerenciamento de Recursos Humanos, todos pela Editora Nobel, de São Paulo, este último em parceria com David H Bangs, Jr., autor e consultor atuante nos Estados Unidos; *Ser + Inovador em RH, ideias criativas e novas propostas para o desenvolvimento do Capital Humano*, Editora Ser Mais.

E-mail: consultoria@eventosrh.com.br
Telefones: (19) 2127-8100 / (16) 3515-5400

Anotações

22

Gestão Estratégica de Pessoas com *Coaching*: a arte de alcançar resultados

Este artigo tem como objetivo revelar a essência do *Coaching* e sua aplicação estratégica na Gestão de Pessoas ao destacar as possibilidades do *Coaching* no sentido de contribuir para o alcance dos resultados e da excelência do capital humano

Prof. Douglas de Matteu

A Gestão de Pessoas desenvolve um papel relevante nas organizações, tendo como desafio contribuir para alcançar os objetivos estratégicos da instituição – alinhado com a missão, visão e valores–, bem como zelar pelo bem-estar dos funcionários.

Para tanto, a gestão de pessoas atua principalmente no ato de planejar, organizar, executar e monitorar os processos de agregar, aplicar, recompensar, desenvolver, manter e monitorar pessoas (CHIAVENATO, 2008).

Nesse sentido, o desenvolvimento dos talentos humanos para gerar melhoria da competitividade organizacional se apresenta como um dos caminhos para alcançar tal objetivo. Porém, gerir e desenvolver pessoas é uma tarefa complexa, desafiadora e motivadora para os gestores de pessoas.

Nesse momento, convido você, leitor, para usar o poder da sua mente. Busque imaginar detalhadamente a cena, ouvir as pessoas e sentir cada situação aqui narrada. Imagine uma metodologia que possa contribuir para a melhoria na comunicação das pessoas na organização, tanto no que diz respeito ao dar quanto ao receber *feedbacks*, principalmente no aspecto de ouvir. Imagine, os relacionamentos mais assertivos e consequentemente, mais felizes. Um bom clima organizacional. Imagine a possibilidade de despertar a consciência dos colaboradores frente aos resultados da organização e do pessoal. Um ambiente onde as pessoas vivenciam o comprometimento e se sentem motivadas. Imagine a possibilidade de desenvolver a inteligência emocional da equipe e minimizar os conflitos derivados de prejulgamentos entre as pessoas. Imagine as pessoas trabalhando mais felizes e motivadas, com clarificação de seus objetivos e suas responsabilidades.

Imagine as pessoas trabalhando com foco e mensurando seus resultados. Imagine sua equipe passando um processo profundo de desenvolvimento que promova a reavaliação de crenças e comportamentos. Imagine os resultados. Imagine...

Como se sentiu? Nosso cérebro tem uma capacidade fantástica de fazer nosso corpo sentir, vivenciar os nossos pensamentos. Com certeza, a imagem criada acima propicia uma sensação agradável, porém, desafiadora no sentido de torná-la realidade.

Nesse sentido, convido você a acreditar que o processo de *Coaching* pode contribuir sobremaneira nesse sentido. Não como um processo "mágico", tal qual Rei Midas, personagem grego que tinha o poder de transformar tudo em ouro com um simples toque. Não, o *Coaching* não é mágica, nem uma palavra da "moda". O *Coaching* veio para ficar e contribuir na melhoria das pessoas e na competitividade das organizações por meio da arte, ou seja, resgatando o título deste artigo, *Coaching* a arte de alcançar resultados. A palavra arte deriva do grego *tekné*, que significa técnica, ou seja, a proposta aqui é sinalizar que talvez o *Coaching* seja a arte de alcançar resultados.

O *Coaching* considera a complexidade humana e do ambiente, além de integrar os conhecimentos científicos com foco no resultado e no ser humano.

O processo de *Coaching* é conduzido por um *coach*, palavra inglesa cujo significado é "treinador". É por meio do processo de *Coaching* que o *coachee* (o cliente) concretiza suas metas, ou seja, o *coach* atuará despertando o potencial humano do seu *coachee* ao apoiá-lo no percurso de realização de seus objetivos

De acordo com Rosa R. Krausz, "*Coaching* é um tipo especial de colaboração que expande a consciência e a aprendizagem e permite a obtenção de resultados com menos esforço e em menos tempo" (KRAUSZ, 2007, p.28).

Conforme destacado pela autora, o *Coaching* permite despertar a conscientização do seu *coachee*. É uma metodologia que converge de modo dinâmico diversas ciências humanas no sentido de despertar e/ou elevar o potencial o humano.

O processo de *Coaching* integra os conhecimentos de diversas ciências, tais como psicologia, programação neurolinguística, psicologia positiva, administração de empresa, entre outras áreas do conhecimento, objetivando potencializar o indivíduo para alcançar os resultados desejados, com ferramentas que mobilizem seu *coachee* de modo consciente e inconsciente.

A mente consciente pode processar até 4.000 bits de informação por segundo. Já a mente inconsciente tem a capacidade fantástica de processar até 400.000.000 bits de informação por segundo (REES, 2009). Ou seja, com base nos conhecimentos da neurolinguística, é possível estimular o inconsciente e potencializar os resultados.

A base do *Coaching* está pautada também no pensamento socrático. Isso se dá através da maiêutica, que é a procura da verdade no interior do homem. Há também aspectos da dialética, ou seja, método calcado no tripé: tese, antítese e síntese, que permite que o *coachee* reavalie suas crenças, em especial as que limitam seu desempenho. Nesse sentido, o *coach* se instrumentaliza para realização de poderosas perguntas que são uma das principais ferramentas do *Coaching*. Isto é, por meio dos questionamentos buscam-se respostas que levem à conscientização e, posteriormente, à ação. Outro fato marcante do *Coaching* é que ele não oferece respostas. Oferece perguntas que levam o *coachee* a encontrar as respostas.

No processo de *Coaching* considera-se o desenvolvimento de competências técnicas, interpessoais, intrapessoais, emocionais, psicológicas e comportamentais focadas na elevação do desempenho humano e, consequentemente, da organização. O processo perpassa pela reflexão e clarificação de seus valores e crenças. Essa ponderação mental desenvolvida por meio da cocriação, ou seja, o diálogo entre *coach* (profissional) e o *coachee* (cliente) permite o aflorar da conscientização de si mesmo, bem como o reconhecimento de suas responsabilidades frente os resultados de vida profissional e pessoal.

O *Coaching* permite o desenvolvimento humano, fornecendo foco, energia e motivação para mobilizar e realizar as ações que direcione ao resultado almejado.

O profissional de *Coaching* possui um vasto conjunto de ferramentas que permite que *coach* e *coachee* organizem e desenvolvam metas e objetivos, bem como contribuir no caminhar rumo aos objetivos preestabelecidos. O *coach* acompanha o *coachee* e fornece ferramentas, técnicas, energia e motivação necessárias para a realização das tarefas que,consequentemente conduzirão ao êxito.

Segundo Laurence S. Lyons, "o *Coaching* estratégico leva as pessoas, equipes e a organização na qual estão hoje para onde querem estar amanhã" (LYONS, apud GOLDSMITH, LYONS, FREAS, 2003, p.38). De acordo com o autor, o *Coaching* estratégico permite sair de uma determinada situação conhecida para uma situação desejada.

Posto isso, o *Coaching* pode ser aplicado no contexto organizacional estrategicamente, e pode ser utilizado no desenvolvimento de diretores, líderes, equipes e funcionários.

O *Coaching* de Liderança – Os resultados organizacionais estão atrelados à condução do líder. Uma boa liderança pode acarretar resultados fantásticos. O modelo de Liderança *Coaching* pode revolucionar a condução das equipes. O processo geralmente se inicia no gerenciamento de nós mesmos, muitas vezes no sentido de reconhecermos nossos comportamentos, sentimentos e buscarmos a excelência no nosso modo de liderar com base nos princípios do *Coaching*.

Coaching de Equipe – Aplicado para potencializar os resultados de uma determinada equipe frente aos objetivos organizacionais.

Coaching de *Performance* – Atua na potencialização dos resultados, mesmo que você tenha atingindo um bom resultado em nível profissional/pessoal. O *Coaching* de *Performance* centra-se no autoconhecimento e conscientização do *coachee* rumo aos objetivos.

Coaching de Carreira – Está centrado em traçar objetivos e ações para alcançar os resultados na carreira almejada.

Coaching Organizacional – Pode se aplicar o *Coaching* na organização como um todo, focalizando excelência organizacional e o desenvolvimento de toda organização.

Recomendações relevantes:

• Para melhores e maiores resultados do *Coaching*, recomenda-se preferencialmente começar de cima para baixo, isto é, dos cargos de diretoria/liderança para baixo. Infelizmente, é comum os "chefes" contratarem um *coach* para melhorar os resultados da equipe e, posteriormente, percebe que quem precisa de *Coaching* é a Liderança, não a equipe.

• O processo de *Coaching* deverá ser conduzido por um profissional devidamente habilitado, ou seja, um *coach* com formação específica em *Coaching*, preferencialmente com experiência e formação superior. Infelizmente, nem todos que se apresentam como *coach* têm a base conceitual e a formação necessária para conduzir com qualidade o processo. Busque indicações e o histórico do profissional.

O *coach* é o profissional que pode contribuir significativamente na vida das pessoas e das organizações. "O *Coaching* conduz ao êxito, à autonomia, à autorrealização e à *performance* profissional e organizacional"(CATALÃO; PENIM, 2010 p.5).

Conforme destacado pelos autores, o *Coaching* oferece mais que resultados: permite também desenvolvimento, autonomia e desempenho desejado.

O processo de *Coaching* pode oferecer o foco que as pessoas precisam e pode auxiliar no desenvolvimento de ações e utilização de ferramentas que, consequentemente, vão conduzi-los aos resultados desejados.

Para concluir, espero que fique a intenção positiva de cada palavra aqui inscrita. Que cada um consiga visualizá-las, ouvi-las e senti-las. Mais que isso, te convido a acreditar que, talvez, o uso do *Coaching* na Gestão de Pessoas pode tornar as organizações mais eficientes e eficazes, ou seja, tendo um desempenho melhor no sentido de "fazer direito" e "dar resultado", valorizando e respeitando o ser humano.

Referências

CHIAVENATO, I. *Gestão de Pessoas. Campus*, 2008.

CATALÃO, J. A; PENIM, A. T. *Ferramentas de Coaching*. Porto: Libel, 2010.

KRAUSZ, R. R. *Coaching Executivo: A conquista da liderança*. São Paulo: Nobel. 2007.

GOLDSMITH, Marshall; LYONS, Laurence; FREAS, Alyssa. *Coaching: O exercício da Liderança*, Rio de Janeiro:2003.

MARQUES, J. R. *Professional Self-Coaching*. IBC, 2011.

_____. Business and Executive *Coaching*. IBC, 2011.

O`CONNOR, J; LAGES, A. *Coaching com PNL: Guia para alcançar o melhor em você e em outros: como ser um coach master*, Rio de Janeiro: Qualitymark, 2008.

PÉREZ, J. F. B. *Coaching para docentes:motivar para o sucesso*. Porto:Porto Editora, 2009.

REES, J. *Você sabe usar o poder da sua mente? Melhore sua saúde mental e maximize o seu potencial*. São Paulo:SENAC, 2009.

Prof. Douglas de Matteu

Mestre em Semiótica, Tecnologias da Informação e Educação, especialista em Marketing e em Educação a Distância, pós-graduando em Gestão de Pessoas com *Coaching*, administrador de empresas, formado em *Marketing* e Promoção de Vendas. *Professional Self Coach* e *Business and Executive Coaching* pelo Instituto Brasileiro de *Coaching* com reconhecimento internacional pelo ICI – *International Association of Coaching Institutes*, ECA – *European Coaching Association* e GCC – *Global Coaching Community*. Docente na Fatec de Mogi das Cruzes, Universidade de Mogi das Cruzes, Faculdade Unidade de Suzano - UNISUZ e em cursos de pós-graduação. Coordenador do Grupo de Ensino e Pesquisa em Liderança e Coaching - GEPLICO da FATEC-MC.(Blog http://geplico.blogspot.com/), atuante nas áreas de Administração, *Marketing*, Comercial e Desenvolvimento Humano/ *Coaching*. Desenvolve treinamentos *in company*, palestras, *Coaching* e Consultoria. Coautor dos Livros: *Ser+ com Criatividade e Inovação*, *Ser + em Vendas Volume II* e do *Manual Completo de Coaching* pela Editora Ser Mais. Presidente da Associação Brasileira dos Profissionais de *Marketing* – ABPM.

Sites: www.douglasmatteu.com.br, www.abpmarketing.com.br
E-mail: douglasmatteu@hotmail.com
Telefone: (11) 3419-0585
Blog: douglasmatteu.blogspot.com

Anotações

23

Visão estratégica da área de gestão de pessoas

Acentuar a visão dos líderes e dos colaboradores de uma organização, tornando-a mais dinâmica e ainda mais humana aos aspectos mutáveis e conflitantes do meio em que convivemos é sempre uma provocação e um ponto a se ponderar dentro do ambiente corporativo

Profª Elizenda Orlickas

Profª Elizenda Orlickas

A maioria das empresas bem-sucedidas e, por sua vez, líderes de mercado, já compreenderam que o desenho de como conduzir a gestão de seus profissionais faz toda a diferença, assim como a qualidade oferecida em seus produtos ou serviços. Este é o mais completo meio de que dispõe para enfrentar os constantes desafios propostos pela concorrência cada vez mais acentuada pela crescente globalização da economia.

Paralelamente, percebe-se que, apresentando colaboradores comprometidos, empenhados, conscientes e envolvidos com os objetivos e resultados da empresa, ela estará também mais suscetível a vencer os desafios da competitividade.

Considerando que as organizações são pessoas reunidas em torno de um objetivo comum e que são essas mesmas pessoas as condutoras do negócio, utilizando-se das informações disponíveis e aplicando suas habilidades e conhecimentos, podemos concluir que são elas, as pessoas, que tornam viáveis (ou não) todas as ações e decisões necessárias para que se obtenha os resultados desejados.

Cabe, então, à Gestão de Pessoas antecipar essas tendências e diagnosticar o que é preciso refazer, modificar e fazer hoje, mas também no futuro, para identificar o novo perfil dos profissionais e levantar as necessidades futuras da empresa.

A área de Gestão de Pessoas, para ser considerada uma área estratégica, precisa fazer, com relação aos clientes internos (os colaboradores), o mesmo que a área de *Marketing* realiza em relação ao mercado consumidor (clientes externos), ou seja, antecipar tendências, inovar seus produtos e serviços, buscar diferenciais competitivos e ser proativo.

Mas, qual a missão da área de Gestão de Pessoas?

Os profissionais que trabalham numa determinada empresa representam seu principal ativo a ser mobilizado para utilizar de maneira eficaz todos os demais recursos organizacionais e atuar na obtenção de resultados empresariais positivos.

Enquanto os indivíduos buscam suas satisfações pessoais, as organizações têm necessidades, dentre as quais se destaca a própria necessidade do elemento humano. Portanto, a inter-relação das necessidades do indivíduo e da organização é imensa, pois tanto a vida quanto os objetivos de ambos estão entrelaçados.

Cabe ressaltar que o indivíduo ingressa na organização esperando que suas satisfações pessoais sejam maiores que seus esforços pessoais. Ao mesmo tempo, a organização espera que a contribuição de cada indivíduo ultrapasse os custos de sua presença na organização. Isso faz parte do relacionamento interpessoal.

Para o atendimento e o congraçamento de todas essas expectativas e ainda a conquista dos recursos humanos como *business*, a área de Recursos Humanos deve se conscientizar de forma útil e verdadeira, mostrando que pode (e deve) contribuir para o aumento da capacitação de seus clientes internos, pois assim irá conduzir de forma assertiva a gestão sistêmica do negócio, obtendo maior rentabilidade, menor custo, maior qualidade e produtividade, bem como a plena satisfação do cliente externo.

Sem as pessoas, não seria possível a criação de empresas e, por isso, o ser humano constitui o elemento comum a todas elas. Se entendermos a organização como um conjunto de indivíduos que, vinculado aos demais recursos financeiros e materiais, persegue objetivos comuns, contataremos que são os seres humanos que têm em suas mãos a direção e o destino de uma organização. Por isso as pessoas são preciosas dentro das organizações e devem ser tratadas como tal.

Precisa zelar pela harmonia do ambiente de trabalho, proporcionar ao seu Cliente Interno produtos e serviços incomuns, identificar suas necessidades, aprender a gerir as suas questões de forma global, identificar ferramentas para buscar aprimorar a cultura da organização, aprender a expandir suas informações e seus conhecimentos. Gestão de Pessoas precisa ser uma área ousada, para poder conquistar seu espaço junto à alta direção da empresa e poder assim contribuir com o resultado esperado pelo acionista.

Esse é o grande diferencial da Área de Gestão de Pessoas!

Somente investindo nas pessoas, em sua capacitação e entendendo que cada ser humano é único, tornará possível que sua gestão tenha amplitude e visão de negócio. É isso que o mercado considera **agregar valor**.

As empresas podem obter vantagens competitivas investindo em novas máquinas, novas tecnologias e novas fábricas? Sim, podem. Mas o fazer diferente e melhor só se conquistará pela excelência dos serviços proporcionados pelos colaboradores satisfeitos com a forma como a organização conduz sua carreira, como a empresa se preocupa com o seu bem-estar (e da sua família), com o pacote de benefícios oferecidos, com o ambiente de trabalho e pela remuneração justa e atrativa.

Felizes com a empresa na qual passam a maior parte de suas vidas, o colaborador, consequentemente, irá oferecer ao acionista o melhor de si.

Somente assim uma organização poderá obter a sua vantagem competitiva, tão almejada por todas — principalmente em tempos de complexa competitividade —, administrando em conjunto com as pessoas e não exclusivamente administrando as pessoas.

E, para administrar as pessoas, a empresa precisa ter consciência do alcance e da influência que um colaborador satisfeito pode conseguir (e o inverso também é valido). Empresas que intensificam e valorizam o seu mercado interno são verdadeiramente empresas com gestão estratégica de pessoas. São seus próprios colaboradores o seu maior potencial em termos de clientes.

Não é nada interessante para uma determinada organização possuir equipes que não forneçam contribuição com o seu resultado, assim como profissionais desmotivados, pois isso só prejudica a sua imagem no mercado. O colaborador manifesta para o mercado externo, principalmente para os clientes, aquilo que deixa verdadeiramente motivado. Perceba como você é tratado em suas visitas a lojas, supermercados e restaurantes. Você percebe — pelo atendimento do colaborador — se ele é uma pessoa comprometida com a empresa e com o seu trabalho. É dessa forma que você quer que o colaborador de sua organização se manifeste? É dessa forma que você quer que sua empresa conheça e perpetue a sua imagem?

A preocupação com a imagem que o colaborador irá transmitir sobre a empresa começa na contratação.

Uma informação conhecida por todos, é que um colaborador comprometido e feliz com os seus desafios tem uma produção maior e com melhor qualidade.

A eficácia na contratação de um talento terá ainda mais força se a empresa lhe proporcionar um programa de retenção do seu conhecimento através de programas desafiadores e que, ao estimular seus talentos, o desafie a se destacar cada vez mais na sua carreira.

"A rivalidade e a competitividade tão discutidas são fundamentadas em duas vertentes: na era do conhecimento e no espírito de equipe, considerando-se nesse último não só a conquista dos objetivos da empresa, mas também a aquisição dos objetivos dos indivíduos que nela trabalham e que nela realizam seus sonhos." (E. Orlickas – *Seleção por Competências, Uma Estratégia Competitiva* – Danelli Editores).

Quadro 2.1 Modelos de Gestão de Pessoas

MODELO	ADMINISTRAÇÃO DE PESSOAL	ADMINISTRAÇÃO DE RECURSOS HUMANOS	CONSULTORIA INTERNA DE RECURSOS HUMANOS
CONCEPÇÃO SOBRE AS PESSOAS	São alocadas de acordo com sua experiência e sua especialização	Valorização das Experiências	Valorização das competências e do capital intelectual
OBJETIVOS	Fazer cumprir os controles administrativos e a legislação trabalhista	Selecionar e treinar	Ajustar as estratégias de RH às estratégias da empresa, preparando-a para o futuro
REPORTE	A média gerência ou diretoria, em muitas empresas, hoje, reporta-se à área financeira	A Diretoria de Recursos Humanos	Ao principal executivo da empresa, visando facilitar a tomada de decisão
POLÍTICAS DE RH	Inexistentes	Implícitas, algumas vezes formalizadas	Explícitas, formalizadas e relacionadas aos objetivos estratégicos da empresa

PROCESSOS	Execução de trabalhos dentro dos prazos	Solucionar problemas	Proativos, buscando melhoria contínua e alinhado à estratégia da empresa
ORÇAMENTO	Pessoas são despesas	Treinamento é um custo necessário	Treinamento é investimento, pois é direcionado para que o colaborador se torne um diferencial e contribua para os resultados da empresa
VISÃO PERANTE A CONCORRÊNCIA	Gestão tradicional	Especializada	Estão em acordo com as estratégias da empresa, visando a otimização dos trabalhos, facilitando a tomada de decisão e a perenidade da empresa
FOCO	Cumprimento da legislação	Atender demandas	Resultado para o negócio, consultoria ao *board* e ao cliente interno
RESULTADOS	Relacionados com exigências legais e ao pagamento de salários	Pagamento de salários e benefícios	Sofisticados, articulados com a obtenção de resultados estratégicos da empresa

Sendo assim, podemos concluir que manter o cliente (seja ele interno ou externo) satisfeito e, se possível, surpreendê-lo com os serviços oferecidos, é, sem dúvida, o melhor negócio para todas as empresas.

Profª Elizenda Orlickas

Professora, palestrante e autora dos livros Consultoria Interna de RH - Conceitos, *Benchmarking* e *Cases*, que está em sua 10ª edição e Seleção por *Competências, Uma Estratégia Competitiva*, ambos pela Danelli Editores, além do *Modelos de Gestão, das Escolas de Administração a Gestão Estratégica*, que está em sua 2ª edição, pela editora IBPEX. Graduada em Administração, pós-graduada em Administração de Recursos Humanos e mestranda em Administração de RH – FEA-USP. Experiente em Desenvolvimento de Competências, Gerenciamento do Desempenho, Desenvolvimento de Executivos, *Assessment* e *Coaching*, Gerenciamento de Educação e Treinamento , Gerenciamento de Clima e Cultura Organizacional. Tem vinte e cinco anos de carreira em RH, tendo sido Executiva de Recursos Humanos, em empresas como: Grupo Accor, Simon Franco Consultoria e Magazine Luiza. Professora e palestrante em cursos de pós-graduação de diversas universidades. Seus vários artigos foram publicados em revistas especializadas e jornais de circulação nacional e internacional.

Site: www.consultoriainternaderh.com
E-mail: elizenda@consultoriainternaderh.com
Telefone: (11) 8384-0384

Anotações

24

A ética na Gestão de Pessoas

Um profissional deve sempre ir além, agindo como um pensador, um filósofo da ciência envolvida com a sua profissão. Desta forma, a reflexão ética ingressa e integra a moralidade de qualquer atividade profissional

Prof. Pedro Carlos de Carvalho

Muito se discute sobre a ética e as exigências morais, comportamentais e também as diversas e diferentes questões sobre assuntos pertinentes ao relacionamento dos profissionais nas organizações.

As transformações registradas nas empresas, no final do século XX, provocadas pelo avanço da globalização e abertura do mercado à livre competição, acabaram resultando em um aumento considerável de processos que exigem dinamização e a implementação de novas tecnologias e recursos sofisticados, jamais imaginados anteriormente.

Dentro desta linha de pensamento, foram também percebidos e acentuados indiscutíveis avanços na discussão de temas anteriormente polêmicos e proibidos, como assédio sexual, assédio moral, discriminação nas relações de trabalho, preconceito, exclusão social, isolamento etc.

A ética, disciplina pouco difundida, praticada, recomendada e de difícil nível de envolvimento a tantas esferas sociais e profissionais, ressurgiu, finalmente, saindo dos livros e conceitos acadêmicos para a inserção na sociedade, no governo e também como assunto importante dentro e para as organizações.

A ética profissional

Ela estuda e estabelece o relacionamento entre profissionais, com o objetivo precípuo de regular a questão da dignidade humana e a construção do bem-estar no contexto sociocultural, onde é exercida determinada profissão.

A ética profissional intrinsecamente afeta o caráter normativo, e até jurídico, que regulamenta determinada profissão, a partir de estatutos e códigos específicos.

Um profissional deve sempre ir além, agindo como um pensador, um filósofo da ciência envolvida com a sua profissão. Desta forma, a reflexão ética ingressa e integra a moralidade de qualquer atividade profissional.

Como a ética é inerente à vida, sua importância é muito acentuada em todos os aspectos da vida profissional. Isto se justifica devido ao fato de cada profissional ter suas responsabilidades individuais e sociais, pois englobam e envolvem pessoas que dela irão se beneficiar, com toda a certeza.

Ela é imprescindível ao profissional, pois quando se analisa a ação humana constata-se que o fazer e o agir estão diretamente interligados e dependentes um do outro. O *fazer* diz respeito à competência, ao talento, à eficiência que todo profissional deve apresentar, possuir e otimizar, para o exercício de sua profissão. O *agir* corresponde à conduta do profissional, ao conjunto de atitudes que deverá ser assumida no desempenho de sua profissão.

Quando se discute a ética profissional, torna-se importante averiguar e refletir sobre quais métodos serão ideais, convenientes e, até mesmo, essenciais para se incutir na mentalidade dos profissionais, visando à sua adequação, adaptação e sucesso nas organizações onde atuam.

A discussão da ética profissional acaba refletindo em trabalhos e atividades da área de gestão de pessoas, pois é notório que a convivência, o relacionamento e a atenção dispensada a todos os indivíduos, de todos os níveis de uma organização, contribuem para diferenciar e valorizar esta área das demais.

Uma política de treinamento em ética não surtirá nenhum efeito, ou resultado objetivado, se todos os dirigentes de uma organização não forem e, até mesmo, não derem o exemplo de boa cultura e conduta.

O exemplo sempre deve vir da direção da organização e os administradores devem inspirar a boa conduta, pois, caso contrário, ocorrerá perda na confiança da integridade moral deles e da organização.

As questões éticas devem ser trabalhadas, discutidas e adotadas em todos os níveis de comando de uma organização.

A ética profissional envolve as regras básicas de comportamento, tanto para colaboradores como para os dirigentes de uma organização.

O estudo da ética nas organizações ressaltou a existência de três formas inter-relacionadas de abordagem dessa disciplina, que são:

Semântica (falar sobre a ética)

Prática (atuar eticamente)

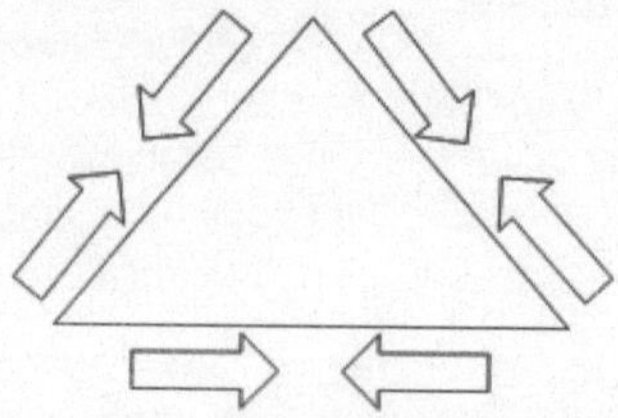

Teoria (pensar sobre a ética)

A empresa excelente não é mais apenas aquela que gera lucros, mas também a que oferece um bom ambiente de trabalho, onde as pessoas podem exercer suas funções e responsabilidades e apresentar seus conhecimentos e virtudes.

A ética na Gestão de Pessoas

As atividades da área de gestão de pessoas apresentam um universo considerável de trabalhos, voltados especificamente para todos aqueles que atuam nas organizações, conforme segue:

1. **Recrutamento e seleção de pessoal**: atividades desenvolvidas para a atração e definição dos melhores candidatos a uma posição na empresa;
2. **Departamento pessoal**: aplicação das leis trabalhistas e sindicais vigentes, envolvendo, ainda, as práticas de folha de pagamento e recolhimento dos encargos sociais;
3. **Administração de cargos e salários**: atividades que possibilitem a identificação dos cargos existentes na empresa, definindo nomenclaturas, salários, planos de carreira etc.
4. **Benefícios e serviço social**: trabalhos responsáveis pela condução dos programas de benefícios determinados pela organização, além das práticas do serviço social, indispensáveis ao atendimento e solução de problemas de funcionários.
5. **Relações trabalhistas**: atividades necessárias para o contato com sindicatos, através de reuniões, negociações e acordos que estabelecem práticas, políticas e deveres para as organizações e seus colaboradores.
6. **Segurança do trabalho e gestão ambiental**: abrange práticas e políticas essenciais para a condução de programas que visam, fundamentalmente, à prevenção e à eliminação de riscos de acidentes de seus funcionários, bem como os cuidados com o meio ambiente (interno e externo);
7. **Medicina do trabalho**: controle e coordenação dos processos de

exames médicos, atendimentos ambulatoriais e a prevenção contra doenças ocupacionais;

8. **Restaurante**: execução de serviços direcionados à alimentação, preocupando-se com cardápios balanceados, qualidade das refeições e a satisfação dos trabalhadores.

9. **Transportes**: ferramenta importante que possibilita aos funcionários facilidade e comodidade para ir e voltar do trabalho, através de ônibus, peruas e outras alternativas gerenciadas pelas organizações;

10. **Segurança patrimonial**: funções mantidas pelas organizações e que correspondem à proteção das instalações, bens, equipamentos, matéria-prima, produtos acabados e também de seu pessoal;

11. **Treinamento e desenvolvimento de pessoal**: atividades que buscam a melhoria da capacitação e desenvolvimento das habilidades, competências e conhecimento dos trabalhadores.

E por que a Gestão de Pessoas tem grande expressividade dentro das organizações?

Porque as suas práticas, procedimentos, técnicas e conceitos podem evitar problemas maiores, relacionados ao gerenciamento incorreto de atividades como:

- Contratação incorreta de trabalhadores;
- Ter um alto índice de rotatividade;
- Conviver com trabalhadores desmotivados;
- Provocar problemas trabalhistas decorrentes de ações discriminatórias;
- Classificar a empresa irregularmente em relação às leis federais de segurança, medicina do trabalho e gestão ambiental;
- Falta de treinamento de seus colaboradores;
- Estabelecer práticas de trabalho e questões comportamentais injustas, ou seja, sem a observação dos padrões éticos esperados.

O atual papel da área de Gestão de Pessoas nas organizações é muito importante, tendo em vista as mudanças e novas tendências que estão sendo periodicamente implementadas nas empresas, em decorrência dos movimentos da globalização.

Por exemplo, é possível destacar a crescente pressão para a melhoria de competitividade das organizações, aplicação de técnicas diversas (como corte de níveis hierárquicos, *outplacement*), contratação de consultor para a recolocação de colaboradores demitidos, reestruturação organizacional, eliminação de áreas, terceirização etc.

Outra questão importante é a diversidade da mão de obra, que provoca mudanças intensas na força de trabalho das organizações.

Por tudo isso, se torna indispensável a adoção dos princípios éticos nas atividades de gestão de pessoas, estabelecendo normas e procedimentos para a observação de todos os colaboradores de uma organização, englobando cargos diretivos, técnicos, administrativos e operacionais.

Existem múltiplas formas de não observação aos princípios éticos, na visão da Gestão de Pessoas, conforme explicitado a seguir:

- **Ambiente de trabalho inadequado, criado pela supervisão** - Quando a supervisão discrimina, isola, trata de forma diferente ou não se relaciona convenientemente com seus liderados, preferindo uns em detrimento do grupo todo.
- **Ambiente de trabalho inapropriado, criado pelos colegas**

- Acontece quando algum colega, ou alguns, também preterem colegas, não convivem, não se comunicam ou não se relacionam com os demais integrantes da equipe de trabalho.

- **Ambiente de trabalho insuportável, criado pela direção da empresa** - Sempre que a direção de uma organização estabelecer critérios, normas e procedimentos inacessíveis, com falta de respeito à cultura, ideologias etc., pode contribuir para o surgimento de condições de trabalho inaceitáveis, podendo provocar a saída de trabalhadores insatisfeitos com as decisões tomadas.

O que o empregador deve fazer nestes casos?

É uma obrigação da direção de uma organização manter-se atenta aos movimentos de sua força de trabalho, analisando problemas, situações criadas, climas organizacionais insustentáveis etc. e procurar alternativas imediatas, que possam amenizar ou eliminar questões controvertidas e prejudiciais ao planejamento e desenvolvimento de suas operações.

E qual será o papel do trabalhador nestas situações? Eles devem comunicar à supervisão, quando possível, as questões, problemas e situações existentes, em busca de solução para as mesmas. O silêncio diante de problemas desta natureza pode redundar em acomodamento, conformismo e a consequente perda de motivação e entusiasmo para o trabalho, que poderá representar um prejuízo considerável para o próprio trabalhador.

Conclusão

A área de gestão de pessoas tem um papel de extrema importância na condução e determinação de normas e procedimentos para as organizações.

Sua atuação deve se pautar pela responsabilidade e pela ética, assim como deve evidenciar estes critérios a todos os demais organismos da empresa, zelando pela sua observação, condução e aplicabilidade, sem a demonstração de quaisquer sinais que possam provocar desconforto, insatisfação ou reclamações por parte de todos os colaboradores.

Uma área de gestão de pessoas que atua de forma justa, ética, com princípios e equidade contribui, de forma inequívoca, para a elevação do clima organizacional e para a melhoria dos indicadores de motivação de trabalhadores, e da qualidade e produtividade de uma organização.

Prof. Pedro Carlos de Carvalho

Administrador de empresas pela ESAN – Escola Superior de Administração de Negócios (SP) e mestre em Administração pela UNISAL (Americana). Professor de ensino superior em cursos de graduação, MBA, pós-graduação e extensão. Autor dos livros: *Empregabilidade – a competência necessária para o sucesso no novo milênio*, 7ª edição; *O Programa 5 S e a Qualidade Total*, 5ª ed.; *Administração Mercadológica*, 3ª ed.; *Recursos Humanos* 1ª ed.; *A trajetória do Sindicalismo*, 1ª ed.; e *Administração de Pessoal*, 1ª ed. (todos publicados pela Editora Alínea de Campinas). Ministra cursos e palestras pela Junior Consultoria, Felcom Comunicação, Poderh, Mission, ADPO, IBC, UNIP – Universidade Paulista, FATEP – Faculdade de Tecnologia de Piracicaba, Faculdade Anhanguera, FACP – Faculdade de Paulínia, Veris Faculdade, empresas etc. É diretor executivo da Colocar Assessoria em Recursos Humanos.

Site: www.pedro.pro.br
E-mail: pedrocarvalhorh@yahoo.com.br

Anotações

25

Do cartesianismo ao "cérebro ético"

Os tempos mudaram e dentro de uma organização já não há mais tempo para comportamentos hoje ultrapassados. O cartesianismo caiu. O atual momento é da flexibilidade, da interação, da interdisciplinaridade, enfim, de grandes transformações. Para seguir evoluindo, temos de nos adaptar a todas elas

Prof. Roberto Dimas

Prof. Roberto Dimas

Num mundo em pleno processo de mudanças rápidas, afogado por crises econômicas, políticas, de sustentabilidade geral e humana, num mundo sistêmico, complexo, ainda visto de forma cartesiana pela maioria das pessoas, discutir a questão de Gestão de Pessoas é salutar e exige de cada um de nós uma postura clara: em que mundo estou? No complexo sistêmico, reconhecendo sua presença e suas exigências, ou ainda no cartesiano, compartimentado, particularista, egoísta?

As mudanças mais profundas que vêm se concretizando estão exatamente na percepção de uma realidade que, diferente do cartesianismo vivenciado intensamente pelo menos há três séculos, vai se tornando consciente nos dias de hoje: a ação não é linear. Não que o mundo fosse diferente. Não. Mas recusávamos e ainda recusamos a vê-lo da forma como realmente é: sistêmico. Tudo está relacionado, conectado, fazemos parte de um todo, onde é impossível negar que nossas ações, atitudes, um fato que aconteça, não importa onde, deixem de influenciar tudo e a todos que estão próximos ou distantes.

Hoje, com a facilidade de comunicação propiciada pela internet e por outros meios de comunicação, todo indivíduo é rapidamente afetado pelos acontecimentos. O rápido processo de interação com os fatos que abalam a sociedade refletem no emocional de cada um de nós, tanto para o bem quanto para o mal, exigindo muito mais de cada pessoa, a fim de garantir a produtividade e a qualidade de vida.

É evidente que, nesse processo, a questão da sustentabilidade humana está em jogo. A banalização da morte, dada a exposição constante de acontecimentos com vítimas nos meios de comunicação; o processo de intensificação da violência como forma de relação inter-humana; a queda da moralidade intensificada pelas práticas cada vez mais sofisticadas da corrupção em todos os níveis de administração, principalmente no setor público; o esquecimento da vivência dos valores positivos, principalmente na família e nas instituições educacionais, comprova esta realidade.

Falar em Gestão de Pessoas sem levar em consideração esta realidade e sem considerar a necessidade de rever o processo educacional, de reestruturar nossa práxis, a forma de lidar com o ser humano dentro de nossas corporações, é o mesmo que desconsiderar o contexto em que vivemos hoje. Teremos muita dificuldade para inovar nossos processos, garantir a sustentabilidade e conquistar uma qualidade de vida superior.

Evidentemente, nossas instituições educacionais não têm conseguido propiciar formação suficiente ao cidadão, para que ele acompanhe o processo de rápidas mudanças. Ele ingressa na vida profissional sem um mínimo de autoconhecimento, com pouquíssima vivência de valores positivos, ignorando quase que por completo a realidade da corporação. Cria-se, assim, um desafio sem precedentes para o gestor de pessoas.

Na concepção cartesiana de mundo, o gestor de pessoas trabalhava dentro de uma estrutura piramidal: quem está em cima, manda; quem está embaixo, obedece. Era um modelo vertical de gestão. Visão limitada, cada um em seu quadrado. Integração? Impensável! Quanto mais dividido, mais fácil de comandar. O empregado era tratado como um produtor, um número. Obrigado a produzir, a atingir metas quase desumanas.

Com o processo de mudanças que conhecemos, uma nova realidade foi se impondo e este modelo de gestão foi ficando para trás. O novo modelo agora exigido, participativo, estabelece uma nova consciência. Aquela ideia de "cada um em seu quadrado" não tem a mínima razão de ser em nossos dias. Esta nova concepção nos mostra que todos somos parte do problema, assim como também somos parte da solução deste mesmo problema.

Vamos tomar como exemplo o seguinte: na visão cartesiana, um problema como a epidemia de dengue era de responsabilidade exclusiva do governo e dos agentes de saúde. Sabemos o quanto se torna difícil o combate da doença neste mundo compartimentado. Mas, do ponto de vista sistêmico, onde todos somos parte do problema e também da solução, a luta contra uma epidemia dessas torna-se mais viável, com maior possibilidade de sucesso. Imaginemos o tempo que levaria para fiscalizar cada quintal e combater os focos do inseto. Agora, imaginemos, dentro dessa nova concepção, onde cada cidadão assume a responsabilidade e faz tudo certo cuidando de sua casa, de seu quintal. Não é muito mais fácil enfrentar e solucionar esta questão?

O mesmo acontece com o problema da sustentabilidade de nosso planeta. Se cada cidadão pensar que a limpeza pública é problema da administração geral, da prefeitura e de seus garis, como na visão cartesiana, tudo se torna insuportável, a intensificação dos problemas torna-se iminente.

Vamos pensar isto numa corporação, onde cada colaborador – não mais empregado – tenha consciência do todo: desde o interesse do consumidor, que poderá ser ele próprio, até passar pela qualidade do produto, pelo bom atendimento; ter consciência das metas da organização, de seus valores, de sua missão, de sua capacidade de sustentação e de contribuição que deve dar para a sustentabilidade geral não se torna muito mais simples para o gestor de pessoas? A harmonia decorrente dessa consciência impulsiona toda a corporação para o sucesso.

A complexidade a ser compreendida por este especialista envolve não apenas o processo de mudanças rápidas no setor de tecnologia, da comunicação, nos processos de produção, de distribuição e consumo, mas também no conhecimento mais profundo do ser humano.

O grande desafio está justamente aqui: capacitar e conscientizar cada colaborador de sua importância dentro do processo. Há, ainda, muitas empresas que buscam o sucesso por um processo de alienação de seus colaboradores, em vez de fazer o caminho da conscientização, da politização. A quem cabe reverter esse processo?

Se a realidade externa é complexa, assim como a realidade de uma corporação onde o nível de consciência do indivíduo é requisito fundamental para o sucesso, outro fator nos desafia diuturnamente: a complexidade do próprio indivíduo, do ser humano.

Sabemos que todo indivíduo é um ser bio-psiquicosocial-espiritual. Sua alma tem exigências, necessidades, assim como seu físico. Ele está inserido numa sociedade cheia de normas, que impõe certas exigências, limitando-o de diversas formas. Quando faz parte de uma corporação, terá ainda mais limitada sua liberdade. Tudo isto cria uma série de problemas a serem geridos pelo próprio indivíduo e que exigirá a participação do gestor para que o desempenho de cada colaborador seja o melhor possível.

Por que tantos indivíduos se afastam do serviço por questão de saúde? Por que tantos colaboradores, apesar de receberem excelentes salários e, aparentemente, não lhes faltar nada, ainda entram em depressão? Por que tanta rotatividade em determinados setores? Onde encontrar a solução?

Há pouco tempo, um psiquiatra amigo meu me contou sua preocupação com o número cada vez maior de empresários, executivos e aposentados com depressão. Por que isto acontece? Não existem, por acaso, setores especializados para que, de alguma forma, possam preparar os colaboradores para que este problema se minimize com o passar do tempo? Não haveria como trazê-los de volta para as corporações num sistema inédito, por meio do qual essas pessoas pudessem continuar sendo úteis, prestando sua contribuição?

A depressão que afeta atualmente um grande número de pessoas é consequência da falta de assumir novos desafios[1] e de não se contentarem com o estado das coisas em geral. Será que o gestor de pessoas deveria também estar atento a isto para não permitir que algum colaborador de seu grupo corra este risco?

Em nossa sociedade, onde tudo parece muito fácil, principalmente para o jovem, o medo se faz presente cada vez que surgem novos desafios. O medo impede a pessoa de "transgredir", de se superar. A acomodação é fatal para a alma humana. Estando o gestor atento, consciente das necessidades fundamentais do ser humano, ele sabe o momento certo de propiciar a cada colaborador novos desafios. Também saberá tirar o máximo daqueles que, por natureza, preferem posições e atividades menos desafiadoras.

Diante disto, o "conhece-te a ti mesmo", escrito no oráculo de Delfos, nunca foi tão importante quanto nos dias de hoje. Somente

[1]BONDER, Nilton – *A Alma Imoral* – Ed Rocco – Rio de Janeiro -1998

um profundo conhecimento da natureza humana, de suas necessidades fundamentais e de uma gestão capacitada a colaborar com este indivíduo complexo poderá amenizar esses problemas e permitir que seu colaborador seja não só produtivo, mas, sobretudo, feliz, saudável e realizado.

Adentramos e estamos intensificando a vivência consciente da complexidade do mundo. A consciência da complexidade do ser humano parece-me que foi esquecida, mas deve ser imediatamente desvendada e também considerada no dia a dia da corporação.

Desenvolver o "cérebro ético"[2] de todos os colaboradores. Este é o desafio maior. Desde que, recentemente, a Neurociência tenha nos mostrado a existência dessa região do cérebro responsável pelo desenvolvimento da vivência de valores positivos, capaz de revolucionar a vivência intra e interpessoal, possibilitando de forma profícua um trabalho efetivo em prol da sustentabilidade humana e geral, nossa atividade como educadores e gestores de pessoas passa a exigir um pouco mais de cada um de nós.

A intensificação da vivência dos valores positivos por meio do desenvolvimento do "cérebro ético" reverterá o processo de intensa violência tão presente em nossos dias, além daquela prática de corrupção que tantos prejuízos traz à humanidade, que sofrerá abalos irreparáveis, possibilitando mais justiça e progresso à sociedade. Mesmo as ações fundamentalistas tenderiam a se minimizar com o desenvolvimento do cérebro ético em toda a sociedade.

Se no modelo cartesiano a vivência de poucos valores, tais como pontualidade, assiduidade e obediência, era suficiente para ter um operário exemplar, atualmente é impensável um colaborador que não vivencie dezenas desses valores positivos para ser reconhecido como tal. Como pensar em um profissional exemplar sem que este vivencie a comunicação efetiva, a cordialidade, a inclusão, a flexibilidade, a diplomacia, a paciência, a tolerância, a compaixão – no sentido de se colocar no lugar do outro –, a persistência, a disciplina, a pontualidade, a excelência, a autenticidade, o compromisso, a harmonia, a gratidão, o bom humor, a segurança, a humildade, o otimismo, a vontade, dentre outros? Como pensar em um cidadão do mundo sem essas qualidades?

Nossa maneira de pensar e agir, nosso conhecimento superficial da natureza humana, nossa ânsia pelo ter mais em detrimento do ser mais e a falta de vivência desses valores limitam nossa ação como gestores de pessoas, como educadores, como defensores da paz e da sustentabilidade.

[2] Artigo publicado na Edição 20 da revista Plurale - dezembro/2010
e artigo do livro "*Cuidados com a vida*" – Instituto janeiro/2011 - ambos de autoria de Regina Migliori

Prof. Roberto Dimas

Com formação em Filosofia e Pedagogia, atuou como professor por muitos anos. Foi religioso na comunidade dos irmãos do Sagrado Coração, Especialista em Educação e Consultor Educacional, pós-graduado em medicina Comportamental pela UNIFESP (Universidade Federal de São Paulo), MBA em Gestão Empresarial Estratégica – USP (Universidade de São Paulo), precursor do conceito da Educação Comportamental e 1º Educador Comportamental do Brasil, palestrante, Terapeuta Familiar, autor da cartilha "*Gerenciar-se por Valores – Caminho para Excelência*", coautor do livro "*Ser + Líder*", abordando o tema "*Valores e Sustentabilidade Humana*".

Site: www.inexce.com.br
E-mail: robertodimaspinto@yahoo.com.br
Telefone: (35) 9168-2962

Anotações

26

O novo papel do líder na gestão estratégica de pessoas

Gerenciar estrategicamente o Capital Intelectual continuará sendo o maior desafio para as organizações nos próximos anos.

"É a época da gestão de pessoas e com as pessoas. As mudanças e transformações na área de Gestão de Pessoas são intensas e predomina a importância do capital humano e intelectual."

(CHIAVENATO, Idalberto)

Rafael Gonçalves

O mundo corporativo permanecerá em constante mutação. As empresas persistem na busca por diferenciais para se manterem competitivas. A principal consequência deste processo é percebida nas emoções e sentimentos das equipes de colaboradores que se desdobram, confusas, para se adequar aos novos cenários no ambiente de trabalho. E muitas dessas emoções podem ser traduzidas pela frase: "Socorro, quem poderá nos defender?".

Em 2020, o mercado de trabalho, principalmente nos países ditos de primeiro mundo, será dominado por pessoas criativas. Elas trabalharão sem horário definido e sem sede física. Suas tarefas profissionais se confundirão com lazer e estudo. Para alcançar os objetivos organizacionais, esses colaboradores serão incentivados apenas pela motivação, pelo compartilhamento de metas e por uma liderança carismática. Essa foi uma das tendências apresentadas pelo sociólogo italiano Domenico De Masi – autor do *best-seller* "O ócio criativo" – em palestras no Brasil no ano de 2010.

O que para muitos parece ser apenas uma ideia abstrata, já passou a ser preocupação para diversas empresas ao redor do mundo. Recentemente, escrevi um artigo intitulado *Faltam líderes no mercado de trabalho*, com base em uma pesquisa realizada por um instituto de pesquisas holandês no Brasil. A pesquisa indicava a existência de uma relação desfavorável entre a demanda por *líderes* pelas empresas e a pequena oferta de profissionais no mercado.

Provavelmente, a organização em que você trabalha, a exemplo de muitas outras, está se perguntando diariamente, atônita: como inovar? Como maximizar os resultados? Como expandir? Onde estão os nossos clientes? Como manter a nossa competitividade? Onde está a criatividade de nossos colaboradores? E eu digo: **calma! Existe uma resposta para todas essas perguntas: investir nos líderes e atuar estrategicamente com as pessoas.**

Felizmente, percebe-se que, aos poucos, as organizações estão acordando de um sono que parece ter durado alguns séculos para, enfim, dar um caráter estratégico e se dedicarem ao maior patrimônio que possuem: as pessoas e suas competências. Estamos inseridos na Era do *Capital Intelectual* ou *Capital Humano*, onde a informação e o conhecimento são os ativos mais valiosos que possuímos. É preciso um novo modelo de gestão de pessoas. É preciso reinventar o papel dos líderes nas organizações.

Com tantas preocupações comuns à maioria das organizações, posso afirmar definitivamente que a figura do líder não irá desaparecer do mundo corporativo; e que uma tendência para os próximos anos será a mudança no papel do líder dentro das organizações.

Nesse novo cenário que já se avista, o líder estará cada vez mais focado na gestão estratégica das pessoas como diferencial competitivo para o sucesso organizacional.

Revolução nos modelos de gestão de pessoas

O terceiro milênio iniciou com diversas tendências que balançaram as estruturas do modelo de gestão de pessoas existente nas organizações. A *Era da Informação* proporcionou muitos avanços quando as pessoas passaram a ser consideradas soluções para os problemas das organizações. Até então, as pessoas eram vistas como problemas a serem gerenciados. Os famosos departamentos de RH se limitavam às funções operacionais e burocráticas, ainda impregnados com as antigas práticas de relações de trabalho da *Era Industrial*.

Lembra-se do clássico de Charles Chaplin, *Tempos Modernos*, fazendo uma crítica fantástica ao modelo das relações de trabalho no período da *Revolução Industrial*? Pessoas alienadas, tratadas como animais, preteridas pelas máquinas.

O mundo mudou de lá pra cá! E as organizações se viram diante de novos cenários: globalização, novas tecnologias, valorização da informação e do conhecimento, e a busca incessante pela competitividade.

Enfim, rompeu-se com os velhos paradigmas e as pessoas estão sendo percebidas como o principal patrimônio das organizações. Esse reconhecimento do capital humano exige um novo modelo de Gestão de Pessoas, com atuação estratégica, ações de longo prazo, foco em resultados e voltado principalmente para o alinhamento das estratégias da gestão de pessoas com os objetivos organizacionais.

Em tempo de mudanças: organizações orientadas para as pessoas

Para se adaptarem ao modelo de Gestão Estratégica de Pessoas, as organizações precisam passar por um processo de autoconhecimento para se reinventar. Toda organização representa um organismo vivo, dotado de uma cultura particular e composto por pessoas que também precisam conhecer a si mesmas para atender às expectativas organizacionais e, ainda, suas próprias motivações e anseios pessoais.

Os próximos anos serão marcados por transformações nas culturas organizacionais. As definições de visão, missão, valores e todos os componentes da cultura organizacional deverão ter o foco nos colaboradores. As organizações e os líderes que desejarem *Ser + em Gestão de Pessoas* voltarão seus olhares e suas ações estratégicas prioritariamente para o ambiente interno, para o capital intelectual. Os resultados continuarão a vir do ambiente externo, dos clientes, mas como consequência da orientação estratégica para as pessoas pelas organizações.

Alguém deverá conduzir esse processo de mudança, que começa com o reconhecimento da situação atual, através do autoconhecimento. E, novamente, o líder será convocado a assumir a responsabilidade de direcionar as pessoas e as organizações para a aceitação de novos paradigmas.

Todo chefe ou gerente deverá se transformar em líder. E todo líder, essencialmente, deverá ser um gestor de pessoas

A missão de gerenciar o capital intelectual deve ser priorizada nas organizações. O modelo de gestão estratégica de pessoas exige o envolvimento de um maior número de líderes para cumprir as tarefas do dia a dia com os colaboradores.

Mas, o primeiro desafio para as organizações é justamente encontrar esses líderes. Como faltam líderes no mercado de trabalho, qual é a solução?

Particularmente, acredito que algumas pessoas apresentam uma predisposição para a liderança de uma forma muito natural. Mas não acredito que um líder nasça pronto para exercer o seu papel. É preciso desenvolver diversas competências. Por isso, penso que é possível transformar pessoas comuns em verdadeiros líderes.

Assim, para que as organizações participem do modelo de gestão estratégica de pessoas com sucesso, será preciso transformar todos os seus chefes ou gerentes em profissionais orientados para exercer os novos papéis de líder.

Você sabia que pode existir um abismo enorme entre ser chefe ou gerente e ser um líder?

A principal diferença entre essas figuras passa pela percepção dos próprios colaboradores. Para eles, um líder é alguém por quem *valerá a pena* fazer um esforço extra; dedicar-se além do limite imaginável para que sejam alcançados os resultados esperados por ele, para a organização. Já um chefe é a simples personificação desta, que não gera empatia, que não demonstra emoção e não aquece o coração, que faz gerar os resultados por meio de ordens impostas e nem sempre éticas.

As organizações vivem um momento em que é preciso romper com vários paradigmas e recriar algumas verdades. E cada chefe ou gerente, dos diversos setores e níveis hierárquicos das organizações, deve reconhecer que os seus modelos de gestão das equipes de colaboradores precisam ser reinventados para garantir a eficiência e vida organizacional.

Não basta, por exemplo, determinado profissional ser um diretor financeiro com reconhecida competência técnica e ampla experiência no setor, se não possuir habilidades comportamentais bem desenvolvidas que facilitem o relacionamento com os colaboradores. São as competências comportamentais do líder que farão a diferença nos resultados das organizações a partir do modelo de gestão estratégica de pessoas.

Lembre-se: *se você é líder, independentemente do setor em que atue na organização, estará diariamente envolvido no desafio de gerenciar as aspirações, sentimentos e motivações dos colaboradores.*

O líder e o novo papel de agente motivacional

Agora preste muita atenção: as organizações que ousarem permanecer no mercado adotando práticas de liderança centralizadora, ditatorial e autocrática; acreditando nos modelos arcaicos de trabalho e aumento da produtividade; por meio da supervisão alienante e dos controles que mais amedrontam do que incentivam seus colaboradores, desaparecerão em pouco tempo.

No modelo de abordagem estratégica da Gestão de Pessoas, um dos novos papéis dos líderes é exatamente o de atuar como um agente motivacional extrínseco, capaz de aumentar o comprometimento dos colaboradores com suas tarefas e com os objetivos organizacionais, sem comprometer as expectativas e as aspirações pessoais de cada um.

O líder deverá agir de forma "customizada", reconhecendo as pessoas como seres humanos e distintos, e oferecendo condições e soluções adequadas ao perfil de cada colaborador. Alcançar o equilíbrio entre entregar os resultados que as organizações esperam, e honrar os compromissos morais estabelecidos implicitamente com os colaboradores, fará parte também dos novos papéis fundamentais de qualquer líder.

No conjunto de competências do líder, a dimensão dos aspectos comportamentais será decisiva para a eficiência da liderança nas organizações enquanto se pensar em atuar estrategicamente com as pessoas.

A comunicação deverá estar mais presente no dia a dia do líder com seus colaboradores, e com mais proximidade e intensidade. O líder deverá ter a capacidade de olhar nos olhos de cada colaborador e conseguir compartilhar, além de sua visão, todo o sentido de motivação e comprometimento. Gestos como esses irão representar o simbolismo existente nas relações entre o líder, seus colaboradores e as organizações.

Em seu novo papel, o líder *deverá reconhecer que suas atitudes com as equipes nas organizações serão fundamentais para determinar o modelo de vida das pessoas.*

A capacidade de ouvir e oferecer *feedback* também estará mais presente no cotidiano do líder, e ele não poderá discriminar os temas, porque os colaboradores desejam líderes que inspirem confiança e que apontem caminhos, mesmo para desafios pessoais. Os colaboradores literalmente querem estar no divã do líder, quase que numa sessão de terapia comportamental. E isso terá um valor significativo no comprometimento com as metas e as orientações do líder, para alcançar os objetivos organizacionais e o desenvolvimento das competências pessoais. Assim, as organizações que desenvolverem líderes com habilidades para atuar como um *coach* alcançarão os melhores resultados com a gestão estratégica de pessoas.

Agora é a vez das pessoas nas organizações. É a vez do líder com as pessoas.

E se você, líder, ou sua organização, decidiram Ser + em Gestão de Pessoas, prepare-se para um processo de reinvenção. O segredo consiste principalmente em gerenciar estrategicamente o Capital Intelectual.

Para refletir:

- Em sua organização existe um olhar estratégico sobre o capital humano e intelectual?
- Você se considera um líder ou ainda percebe-se como um chefe? Seus colaboradores poderão lhe responder.
- O que você pode fazer hoje para começar a se reinventar enquanto líder?

Abraço e sucesso!

Rafael Gonçalves

Professor, consultor e palestrante nas áreas de motivação, *marketing* pessoal, vendas e atendimento ao cliente, e temas ligados à gestão de pessoas e desenvolvimento organizacional. Graduado em Administração e em Gestão Comercial pelo Instituto Federal de Educação do Norte de Minas Gerais – IFNMG - Campus Januária. Pós-graduado em Gestão Estratégica de Pessoas pela Universidade Gama Filho/RJ. Idealizador do grupo *Papo de Carreira*, maior comunidade do gênero na rede social *Facebook* e escritor do *Papo de Carreira*. Atuou como funcionário de carreira no Banco do Brasil S/A, CREA-MG e no Banco do Nordeste S.A. Atualmente é professor de Administração no IFNMG e dedica-se à pesquisa de temas relacionados à gestão estratégica de pessoas, comportamento organizacional, liderança e carreira.

Site: www.profrafaelgoncalves.blogspot.com
E-mail: rafael.goncalves@ifnmg.edu.br
Telefone: (38) 8413-1956

Anotações

27

Tecnologia na Gestão de Pessoas em Saúde

Este artigo tem por finalidade fazer-nos refletir sobre as relações entre líderes e liderados na área da saúde, no que tange às diversas ferramentas de Gestão de Pessoas atualmente existentes, bem como as tecnologias envolvidas para esse processo. Busca-se muito mais que produtividade, assertividade e qualidade na prestação de serviços: é preciso que a comunicação e o *feedback*, em todos os níveis, sejam adequados

Raquel Acciarito Motta

Em um mercado competitivo como o que vivemos atualmente, os profissionais buscam fazer a diferença para que possam permanecer em seus empregos ou, num sentido mais amplo, permanecer atraentes para o mercado de trabalho, principalmente quando nos referimos à área da saúde, onde conhecimento, habilidade e atitude são quesitos imprescindíveis e devem estar sempre em sintonia com as necessidades e respostas esperadas por seus clientes. Na verdade, isto tem desafiado os gestores a pensar em formas criativas para atrair novos talentos ou, simplesmente, reter os talentos já existentes nas suas equipes.

A cada dia os processos de trabalho tornam-se cada vez mais ágeis, assim como a busca por resultados mais eficazes na prestação de serviços em saúde. Essa tem sido a pauta em muitas mesas de reuniões gerenciais. Essa relação entre eficiência e eficácia passa por questões relacionadas à humanização no trato com os seres humanos, à competência do profissional em gerar resultados breves – como repostas a tratamentos, sendo para isso premente a necessidade de conhecer e utilizar equipamentos de última geração tecnológica.

Neste contexto, os recursos tecnológicos têm se tornado um importante aliado, visando automatizar processos de negócio, gerir competências e desempenhos no desenvolvimento de pessoas, bem como dispor de informações para tomada de decisões, dentre outros.

A tecnologia pode contribuir para que a Gestão de Pessoas deixe de ser uma responsabilidade exclusiva do departamento de recursos humanos e entre no dia a dia dos gestores e líderes, que de forma bem clara, poderão afinar ou estreitar de vez os laços com seus liderados, quebrando paradigmas institucionais, muitas vezes enraizados por anos nas hierarquias. A realização de consultas sobre salários, precisão de promoções, benefícios, diagnósticos de necessidades de treinamentos e seus resultados, plano de carreira, recrutamento e seleção, entre outros, está cada vez mais acessível, gerando mais autonomia e agilidade para as tomadas de decisões.

No mesmo sentido, os colaboradores podem ter as informações que desejam, passando a ter mais autonomia se fizerem uso de portais corporativos ou quiosques, onde as políticas institucionais, normas e procedimentos estão disponíveis e passam a dar mais transparência na relação hierárquica.

Com a inserção da tecnologia em Gestão de Pessoas, há situações que facilitam a relação do colaborador com sua empresa, possibilitando várias formas de acessar dados importantes, que reforçam a descentralização do poder por parte dos líderes. São elas:

- Modificar seus dados cadastrais, quando necessário;

- Conferir seu ponto e suas horas extras;
- Consultar mensalmente seu holerite;
- Acessar dados de convênio e outros benefícios, bem como solicitar sua alteração;
- Conhecer e saber das bonificações, premiações, funcionário do mês etc.
- Quando necessário, solicitar comprovantes de trabalho ou o informe de rendimentos;
- Solicitar e participar de um treinamento on-line ou presencial, inscrevendo-se nele de forma autônoma;
- Fazer sua autoavaliação de desempenho, bem como a avaliação da empresa e clima organizacional;
- Checar sua posição na carreira e o que precisa ser feito para ascender a novas posições;
- Verificar sua escala mensal e escala de serviço, dentre outros.

Todas essas *interfaces* são mais adequadas em relação à fluidez das informações, bem como ao *feedback* entre líderes e liderados. No entanto, alguns quesitos importantes relacionados a esta realidade, principalmente na era tecnológica, esbarram na seguinte questão: seu uso por pessoas sem muita intimidade com a informática pode suscitar dificuldades para sua implantação.

Atualmente, a tecnologia possibilita que os gestores aperfeiçoem o gerenciamento de seu tempo e consigam melhorar os processos mais complexos em detrimento do que faziam há anos. O desafio atual é gerar a cultura tecnológica na empresa, tanto na execução de tarefas quanto no aperfeiçoamento pessoal e profissional, o que em saúde é bem mais fácil, visto que a maioria dos serviços já trabalha com sistemas de gerenciamento on-line de pacientes, planos de saúde, resultados de exames, entre outros, sendo a informática um quesito imprescindível ao profissional nesta área.

Outra tendência em crescimento acelerado é o uso das redes sociais ou comunidades virtuais para Gestão de Pessoas, por exemplo, *blogs* criados para obter opiniões e checar a satisfação dos colaboradores; seus perfis e redes de contato para buscar *feedback* sobre educação e desenvolvimento; levantamento de informações durante o recrutamento e seleção, além de poder aproximar a comunidade aos valores, à missão e à visão da instituição.

Essas práticas inovadoras já utilizadas por várias empresas, dentre elas as de saúde, nos faz refletir sobre o advento das tecnologias neste contexto, para que sejam aplicadas como um diferencial importante na Gestão de Pessoas e no desempenho organizacional, no entanto, de forma consciente e planejada, já que essas mudanças esperadas passam pela reflexão sobre a possibilidade de distanciamento de profissionais de suas relações humanas, pois não é difícil vermos no ambiente corporativo a intensificação de *e-mails*, aulas virtuais (*e-learning*), tratamentos de pacientes com equipamentos e máquinas sofisticadas, podendo trazer o estigma ao profissional de saúde como um ser mais "desumano" ou "frio".

Walt Disney já dizia: "*Você pode sonhar, projetar, criar e construir o lugar mais maravilhoso do mundo, mas é preciso pessoas para tornar o sonho realidade*". Neste sentido, podemos resgatar a essência do ser humano quando a Gestão de Pessoas é feita de forma adequada, sem perder o foco de que os resultados somente serão alcançados quando as pessoas que estão neste contexto são valorizadas e, consequentemente, humanizadas, competentes e comprometidas com a empresa.

Em saúde, trabalhamos com gente ou, melhor dizendo, é gente que cuida de gente e esse é o bem mais precioso de qualquer empresa de saúde, tanto por quem recebe como por quem dá cuidados. O gestor de pessoas de uma empresa de saúde que não perceber essa condição poderá cometer enganos sérios em sua gestão. Por isso, ao planejar a inserção tecnológica na gestão de pessoas, o líder deve ser capaz de "aproximar" ainda mais os colaboradores da sua gestão, fazendo com que a informação e a comunicação seja mais eficaz em prol de uma melhoria do atendimento em saúde e no ambiente de trabalho.

Sabe-se que os seres humanos são a chave do sucesso ou do fracasso das estratégias inovadoras, mediadas por tecnologia de uma organização. Se eles as veem como positiva, tudo segue tranquilamente, mas se as veem de forma negativa, isso pode gerar conflitos internos e descontentamentos. Se os processos e a tecnologia são necessários para transformar uma empresa, seria importante também lembrar que são as pessoas que dão vida a esses aspectos e em qualquer processo de mudança.

Considerando a velocidade das inovações, por meio do avanço constante da tecnologia, o ser humano imerge numa rotina sistematizada e angustiante de buscar a todo custo a perfeição nos valores humanos, tornando-se constante a captura pelo conhecimento que torna os líderes cada vez mais poderosos.

Assim, exercer a gestão de pessoas acaba sendo uma tarefa insatisfatória que, com o tempo, transforma-se em resultados negativos para o profissional dessa área.

Atualmente, o líder que atua na área da saúde requer uma habilidade especial que deve corresponder às expectativas de um mercado globalizado, onde o fator principal está ligado ao ser humano, que é o elemento essencial da vida. Neste prisma, com a evolução tecnológica e a globalização gerando um mercado em constante mudança, exige-se de cada profissional um pouco mais de esforço e de cuidado, principalmente aqueles ligados à sua atividade profissional peculiar: "cuidar de pessoas", seja ela realizada de forma direta ou indireta.

Raquel Acciarito Motta

Mestre em Enfermagem, docente de graduação, pós-graduação e coordenadora de produtos em EAD do Centro Universitário São Camilo. Especialista em UTI, administração hospitalar, e em EAD (educação a distância). Atua em vários projetos de treinamento e desenvolvimento corporativos. É sócia proprietária da Prisma Consultoria em Saúde, onde atua como consultora em serviços de saúde, com ênfase no gerenciamento de processos, gerenciamento da assistência e qualidade. Atualmente é pós-graduanda no MBA de Gestão Universitária com ênfase na Avaliação Institucional.

E-mail: raquel@prismaconsultoriaemsaude.com.br
Telefone: (11) 6405-0027

Anotações

28

Criando ambientes de confiança: o papel do líder na gestão de pessoas

O papel de líder torna-se cada vez mais fundamental nas organizações e, justamente por isso, é também fundamental que ele se adéque a um novo formato de liderança

Roberto Hirsch
(Bob Hirsch RR)

Roberto Hirsch
(Bob Hirsch RR)

Muitos profissionais iniciam suas carreiras como "executores" e "fazedores" em quaisquer que sejam suas áreas de formação e atuação. Ao alcançarem um desempenho eficiente no que "fazem/executam" são convidados a assumir posições de liderança, tenham elas o título de gerente, chefe, coordenador ou qualquer outro similar. A partir daí, iniciam uma caminhada para posições executivas, sejam elas de diretores ou presidente. Em qualquer um desses papéis, são solicitados, em seu devido grau de responsabilidade, cada vez menos em ações que demandem "fazer/executar" e cada vez mais em habilidades, conhecimentos e atitudes que envolvam ao "levar a fazer". Para tanto, necessitam estar preparados para exercer papéis de liderança, entretanto, não é isso necessariamente o que ocorre. Sem o preparo e a capacitação adequados, acabam assumindo um papel que aqui denominaremos de "chefe" (sem qualquer cunho depreciativo, mas puramente conceitual).

O que é o "chefe" em nosso conceito?

Para nós, chefe é aquele que, devido à ausência de referências internas de outros gestores qualificados e preparados, tem como valor principal atender a demanda de seu superior a "qualquer custo", agindo de cima para baixo, pois seu único foco é executar e fazer com que os seus "subordinados" tragam resultados. É isso mesmo, as pessoas que estão sob seu comando são "sub-ordenadas", isto é, devem executar o que lhes é mandado e decidido, pois são como se fossem "coisas" ou "recursos".

Relato abaixo, como exemplo, uma experiência pessoal: Quantos já viveram a situação incômoda e constrangedora de serem pegos em um flagrante processo de ler um livro ou estudar em um caderno? No ano de 1974, no auge do processo industrial, estava eu com meus 23 anos de idade em um de meus primeiros estágios profissionais. Chegava mais cedo no trabalho para poder estudar um pouco, antes que eu começasse a funcionar como mais uma peça de uma engrenagem (mesmo sendo estagiário) dentro de um modelo de organização industrial, quando "meu chefe" me chama e adverte: "Não admitimos que se estude no local de trabalho!!!".

Minha reflexão: "Afinal, um gestor ineficiente trata as pessoas como coisas e quando as coisas dão erradas culpa as pessoas – não as coisas – e tenta, em vão, resolver as coisas com outras coisas".

Seguramente, o custo desse comportamento é demasiado elevado, tendo sido para mim a gota final. Mesmo buscando me desenvolver profissionalmente, optei por buscar espaço em outro ambiente onde pudesse contribuir, mesmo com pouca experiência.

Voltando à nossa conversa, há, em contrapartida, aquele a quem denominamos *líder*.

Líder, para nós, é aquele que serve de matriz e modelo para seus colaboradores, contribui com a formação da "identidade" profissional e, por que não dizer, da identidade pessoal de seus colaboradores.

Exatamente isso, as pessoas que trabalham sob seu comando são colaboradores e têm contribuições pessoais a fazer no processo.

Não podemos dizer que exista, entre os melhores padrões de liderança, um único que produza resultados extraordinários. Ao contrário; são muitos os que dão ótimos resultados, entretanto, para o líder que, a partir deste momento, chamaremos de "líder transformador", os padrões de liderança são determinados por combinações variadas de forças e fraquezas.

Trazendo mais um exemplo pessoal, relembro de meu gestor (veja que já mudei o nome para gestor) seguinte naqueles idos de 1974, que atuava, este sim, como um líder realmente, pois trabalhava lado a lado com seus colaboradores e assim conquistava melhorias nos resultados dos negócios, uma vez que nos envolvia em suas comunicações, que eram sempre "em mão dupla", no compartilhamento da tomada de decisões e em muita cooperação. Criava um ambiente que gerava confiança e troca entre nós, os colaboradores, (percebam que mesmo como estagiário, já me incluí no time, pois, assim era considerado), em contraste nítido com a abordagem de minha anterior "chefia", que agia com comandos de cima para baixo, que se caracterizava pela comunicação "em mão única", pela tomada autoritária de decisões, pela intriga e pela competição interna.

Para nós, o líder-transformador adota como estilo pessoal o papel de líder-educador ou líder-*coach*, tendo como função principal a orientação e o apoio ao desenvolvimento das pessoas, das relações e do sistema organizacional.

No papel de gestor, o líder-transformador, diferentemente dos métodos tradicionais de ensino em sala de aula, precisa desenvolver novas competências, habilidades e atitudes no sentido de ser capaz de assumir e ser reconhecido como "educador", promovendo um ambiente de aprendizagem no próprio local de trabalho e, desta maneira, apropriando-se do papel de líder-educador-transformador, que pressupõe o foco em ações como processo de desenvolvimento:

- Estimular o autodesenvolvimento, provocando a disseminação do conhecimento apreendido nos projetos do dia a dia;
- Atrelar o desenvolvimento pessoal dos colaboradores aos objetivos estratégicos da empresa;
- Construir espaços para o aprendizado e a troca do conhecimento;
- Dosar o estresse para que a criatividade e a inovação surjam,

evitando o relaxamento total que possa gerar o comodismo ou, pelo outro extremo, o estresse neurótico que possa causar o desgaste emocional dos colaboradores, considerando-se as diferenças individuais.

• Aprender sobre a construção de ações metodológicas, que possam trazer uma visão sistêmica sem perder o foco das necessidades reais da empresa;

• Reunir os colaboradores para identificar objetivos de capacitação;

• Receber *feedback* como um processo de educação e desenvolvimento pessoal;

• Definir metas de capacitação em conjunto;

• Permitir aos colaboradores a escolha de sua capacitação. O direcionamento deve ser exercido de forma que a escolha esteja alinhada com as competências dos cargos presente e futuros e orientada para as metas da empresa;

• Enviar mais de uma pessoa aos eventos de capacitação, não somente para auxiliar durante a capacitação com a troca, como também para permitir o desenvolvimento da equipe e não de um só colaborador;

• Estabelecer redes para troca de conhecimento entre os colaboradores;

• Tornar o aprendizado parte da cultura, exercitando e estimulando a docência, através do repasse dos aprendizados aos colegas de trabalho;

• Criar oportunidades para aplicação do aprendizado nas atividades profissionais;

• Avaliar o retorno do aprendizado nos cursos e processos de aprendizagem;

Desta maneira, o líder transformador assume um novo papel nas organizações e atua como gestor na disseminação da cultura do conhecimento, para que as equipes e a empresa possam manter –se competitivas e vencedoras.

E é qual o elemento chave para a disseminação do conhecimento do líder transformador? A confiança.

A confiança é o elemento-chave nesse processo e adquire um papel decisivo nessa configuração de trabalho.

Na empresa tradicional, o trabalho é regulado por mecanismos de mandos e controle, onde o chefe ordena o que e como se deve fazer as coisas e depois usa do controle como forma de checar o cumprimento. O chefe, por sua vez, dá satisfações ao seu chefe, com quem mantém uma relação de equivalência. O "subordinado" obedece, pois teme sofrer as represálias por não haver feito.

O mando e o controle se apoiam em última instância na força do medo.

Cada vez mais se reconhece a necessidade da instalação de novas relações de trabalho, onde o medo perdeu sua força. Cada vez mais se fala sobre a necessidade da geração de relações de trabalho baseadas na confiança, pois à medida que a empresa, através de seus líderes, gera relações de confiança, obtém melhores resultados de seus colaboradores.

O tema confiança ganha aliados, fala-se de sua importância em círculos cada vez mais ativos, ele é mencionado cada vez mais em congressos e artigos e alcança grande popularidade nos últimos anos.

Entretanto, surpreende o pouco que se sabe sobre ele.

A confiança é o fundamento de toda relação que não se sustenta pela força. Uma relação sustentada na confiança não é necessariamente uma relação entre iguais. Nas relações sustentadas pela confiança, o poder se exerce por meio da autoridade e não por meio da força. A autoridade é sempre um poder conferido. Dessa maneira, é um poder que pode sempre ser revogado. O critério para outorgar ou revogar esse poder é a confiança. Se os colaboradores confiarem que seu líder sabe, a autoridade lhe é outorgada; caso contrário, ele perde essa confiança.

A falta de confiança aumenta o medo. Quem não sente confiança costuma habitar no medo. A ausência da confiança reforça a vulnerabilidade e age como um sinal de alerta, como um aviso de um eventual perigo, podendo provocar a sensação de que a integridade pessoal está em jogo.

Entretanto, quando se sente confiança, gera-se um ambiente de segurança, onde o papel do líder tem fundamental responsabilidade.

A confiança, dessa maneira, passa a ser o grande motor das ações e do potencial transformador das mudanças nas pessoas e no ambiente.

Dessa maneira, o líder-transformador é aquele que ajuda seus colaboradores a olharem para dentro e não para fora. Para eles, um processo de transformação é aquele que possibilita o refinamento do aprendizado pessoal no encontro consigo, gerando novos e diferentes resultados, além de gerar aprendizado ao contribuir com a identificação das limitações, habilidades, potencialidades e competências, buscando e estimulando ações que venham a ser diferenciais no alcance de seus anseios e desejos, principalmente no sentido de compreender-se como um "observador de si", distinto do que até então se percebia.

Roberto Hirsch (Bob Hirsch RR)

CEO da Opus Soluções Empresariais Ltda, Mestre em Psicologia pela Unimarcos e Psicólogo pela UFMG, Criatividade (Creative Education Foundation-University Buffalo-NY-USA), Dinâmica dos Grupos (SBDG). Presidente da Federação Ibero Americana de *Coaching* Executivo (Brasil), Idealizador da Formação Internacional em *Coaching* Executivo Organizacional, base Ontológica, no Brasil. *Coach*, Master *Coach* e Instrutor para programas de formação de *Coaches*, pela Lambent do Brasil, reconhecido pela International *Coaching Community*. Consultoria Sistêmica Empresarial, *Coaching* e Constelações Organizacionais pela Hoffmann & Partners Alemanha / Brasil. Atua como *Coach* Executivo de Carreira e de Equipes no Brasil e América Latina. Professor responsável pelo programa MBA Carreiras da ESPM - Programa de *Coach* de Carreira, para alunos dos programas MBA. Facilitador em CRIATÉGIA, junto ao Instituto Latino Americano de Criatividade e Estratégia. Professor de MBA na ESPM, FIA/USP, PUC/PR. Conferencista e Facilitador em Congressos no Brasil e América Latina.

Site: www.opussol.com.br
E-mail: bobhirsch@opussol.com.br
Telefone: (11)5565-0685

Anotações

29

Gente é mais importante do que processos!

Vivemos em um mercado extremamente competitivo, onde o grande desafio pelo qual passam as organizações está no fato de encontrar pessoas motivadas a desenvolver grandes projetos e alavancar os resultados das mesmas, a fim de se tornarem empresas-modelo e capazes de oferecer, em contrapartida, excelentes condições de trabalho e uma melhoria na qualidade de vida de seus colaboradores

Robson Rodrigues Silva

Sabemos que para uma organização se tornar cada vez mais competitiva no mercado é necessário investir em recursos e pessoas. Toda empresa, entretanto, deve formular um planejamento contendo as estratégias necessárias para atingir seus objetivos em curto, médio e longo prazo.

Para que tais objetivos sejam alcançados, será necessário formar uma equipe que tenha o perfil para alcançar o que foi proposto previamente pela organização. Tal equipe deve ser continuamente preparada, acompanhada e energizada pelos seus líderes.

Nestes tempos de mudanças, as quais vêm ocorrendo em uma velocidade espantosa, as pessoas costumam se sentir inseguras, muitas vezes devido ao despreparo ocasionado pela própria estrutura organizacional: os gestores têm receio em perder poder e, por isso, não delegam autoridade, deixando apenas as responsabilidades para seus principais líderes.

Bem, se levarmos em conta o estilo de gestão tradicional, iremos perceber que a maioria das organizações ainda está aquém de tornar-se modelo no que se refere a oferecer um ambiente de trabalho harmonioso e com um clima favorável à criatividade e inovação.

Na verdade, é preciso que os gestores revejam sua postura neste contexto. Por quê?

Ora, todos os dias nos deparamos com matérias publicadas em revistas e jornais apontando que as pessoas têm procurado melhorar seu estilo de vida, a fim de possuir maior qualidade no ambiente onde vivem: menos poluição, ruído, violência e mais conforto, tranquilidade e segurança. Se observarmos com atenção, as pessoas estão procurando nada mais, nada menos do que satisfazer suas necessidades básicas de sobrevivência, de acordo com a pirâmide criada por A. Maslow.

Por isso a mudança é necessária...

As pessoas também começarão a procurar por empresas em que seus gestores não sejam mal-humorados, onde exista um ambiente alegre e saudável e que proporcione meios efetivos de valorização.

Ninguém gosta de ser maltratado!

Uma das formas de motivar as pessoas nas organizações é dar autonomia, valorizando a independência de cada um e, principalmente, respeitando suas opiniões e ideias. É óbvio que, quando se fala em Gestão de Pessoas, não se trata de uma tarefa fácil, pois cada um tem suas necessidades, prioridades e desejos, e nem sempre eles estão em sintonia com os objetivos das organizações. Portanto, o maior desafio está aí: conciliar toda esta gama de diferenças rumo ao propósito único de atingir os resultados indispensáveis para o sucesso da empresa.

O maior questionamento dos gestores é sobre como fazer isso, portanto, sugiro algumas ações básicas que podem ser aplicadas a qualquer organização:

1. **Elaborar o Planejamento Estratégico**

A empresa deve estabelecer qual rumo seguir tomando como base a análise do mercado e as tendências para subsidiar suas tomadas de decisões. Além disso, deve fazer um desdobramento em todos os níveis e setores da organização. Assim, ao elaborar o Planejamento Estratégico da Gestão de Pessoas, a empresa terá como estabelecer o perfil dos seus colaboradores.

2. **Definir o papel da equipe**

Baseado nos resultados que pretende alcançar, a empresa deve elaborar o perfil das pessoas que irão desempenhar suas atividades em todos os níveis hierárquicos. Este perfil tem que ser coerente com as características atuais demandadas pelo mercado.

Além disso, a organização precisa definir os cargos que irão compor o organograma e descrever os critérios necessários ao desempenho das funções, a fim de poder buscar no mercado ou desenvolver internamente os profissionais com o perfil estabelecido.

3. **Capacitar a equipe**

Acredita-se que o maior diferencial competitivo das organizações encontra-se nas pessoas que a compõem. Desta forma, é de extrema importância definir os treinamentos imprescindíveis ao desenvolvimento das mesmas e que estejam em sintonia com os critérios pré-estabelecidos necessários ao desempenho das funções.

Importante salientar que a realização de treinamentos deve ser vista como um investimento imprescindível ao sucesso da organização, que irá proporcionar um retorno em médio e longo prazo. Para que isso ocorra, a Gestão de Pessoas deve ser feita de maneira planejada.

4. **Acompanhar os resultados**

O alcance dos objetivos propostos trará para a organização um clima de otimismo e tranquilidade no que diz respeito à tomada de decisões e, ainda com base nestas, se tornar mais competitiva no mercado.

Esse ambiente poderá se tornar cada vez mais interessante na medida em que a empresa puder oferecer aos seus colaboradores um maior número de benefícios, proporcionando aos mesmos uma melhor qualidade de vida no trabalho e na sociedade onde estão inseridos.

As simples páginas de uma partitura não fazem uma sinfonia. A música que encanta é o resultado da convergência de artistas que dominam suas execuções sob a direção de um hábil maestro.

Uma organização eficiente e lucrativa é como uma bela sinfonia. Ela reúne os instrumentos do talento, do conhecimento, da experiência, das habilidades, dos valores e das metas que, quando tocados com harmonia, produzem a melodia inspiradora do lucro e da produtividade. Os elementos somente irão atingir sua gama completa de excelência artística quando estiverem nas mãos de um hábil maestro – o líder. Para dar um Show de Gestão é necessário ter um líder servidor!

Segundo James C. Hunter em seu livro *O Monge e o Executivo* (2004), todas as pessoas possuem um potencial ilimitado que tem sido amplamente ignorado e sufocado. Quando descoberto e liberado, tal potencial pode levá-las a níveis de produtividade que nunca imaginaram, fazendo com que se sintam mais satisfeitas consigo mesmas e tornem suas vidas mais agradáveis.

A confiança (ou sua falta), é uma questão cada vez mais importante nas organizações atualmente.

Hoje em dia, os líderes precisam desenvolver relacionamentos de confiança para com aqueles que pretendem liderar. Por que isso? Porque, como as organizações tornaram-se menos estáveis e previsíveis, os fortes laços de confiança substituem as regras burocráticas na definição dos relacionamentos e das expectativas.

Mas, o que é confiança?

É uma expectativa positiva de que a outra pessoa não irá agir de maneira oportunista, seja por palavras, ações ou decisões.

Além desse ambiente de confiança, todos os profissionais no meio organizacional devem ter:

1. Conhecimentos operacionais necessários para orientar a ação (formação, treinamento, experiência);

Sendo conhecimentos sobre:

a. Processo, produto, equipamento, negócio, resultados;
b. Técnica de formação das pessoas;
c. Gestão da rotina e sistemas de padronização;
d. Conhecimento da empresa.

2. Habilidade;

Deve-se saber fazer:

a. Comunicar-se bem com os outros;
b. Uma melhoria contínua e com qualidade;
c. Promover mudanças;
d. Desenvolver as pessoas;
e. Fazer uma análise do negócio/contexto em que está inserido;
f. Planejar e gerenciar a rotina diária.

3. Atitudes. São posturas aplicadas no trabalho, tais como: iniciativa, capacidade de comunicação, flexibilidade, coragem para mudança e assimilação de novos valores;

Posturas relacionadas a/ao:

a. Autonomia na realização das tarefas;
b. Relacionamento interpessoal;
c. Pensamento lógico e criativo;
d. Capacidade de adaptar; percepção do EU e de reavaliar os hábitos.

Cabe ao gestor perceber os componentes de sua equipe. O Show de sua Gestão irá passar por este momento de percepção e, com ela, o profissional atual terá condições de modificar seu ambiente e a empresa se tornará mais competitiva! Os líderes conseguirão obter melhores resultados e todos se tornarão felizes.

Mas é preciso mudar! E rápido.

Para os colaboradores, o que tenho a dizer é o seguinte: vivemos numa turbulência muito grande nestes tempos modernos. As pessoas andam estressadas, com problemas de saúde, passando por adversidades, o nível de ensino está enfraquecido, os valores se perdendo e tudo isso pelo mesmo motivo: a exigência cada vez maior das pessoas por qualidade nos produtos, serviços e, principalmente, por qualidade de vida!

Embora o dia tenha exatamente o mesmo tempo para todos quando medido em horas, minutos e segundos, a cada instante fica parecendo que o está ficando menor. Por que será?

Esta agitação que toma conta de nosso tempo pode ser justificada pela ansiedade que as pessoas têm em concluir suas atividades rotineiras o mais rápido possível, seja um exercício físico, levar o filho para a escola, ir para o trabalho, concluir os relatórios para o gerente, enfrentar o trânsito, fazer um curso, ver um telejornal, dar atenção à família e... ufa! Como existem tarefas a serem realizadas. Que bom, não?!

Porém, o que sempre questionamos é: isso tudo vai te levar para onde? Qual a sua meta hoje? E daqui a cinco anos? Como e onde você pretende estar daqui a dez, quinze ou vinte anos?

Às vezes, as pessoas me perguntam: "Robson, para que pensar nisso agora? Deixa acontecer!". O grande problema é que quando não se tem projetos de vida, entra ano, sai ano, a mesmice continua! Você olha para trás e analisa: "O que eu construí? O que agreguei à minha vida? E à de minha família?". E quase sempre a resposta é a mesma: "Nada" ou "Quase nada".

Portanto, assim como as empresas, é preciso estabelecer suas metas. Para vencer é preciso lutar. Mas, lutar para que, se não temos nenhum projeto de vida? Só para garantir a sobrevivência? Não é pouco?

É preciso aspirar e transpirar!

Agora, é muito importante que você sonhe alto para conseguir ótimos resultados. Além disso, é preciso ser feliz! Fazer o que gosta ou gostar do que faz, mas com amor, dedicação e sempre com um sorriso estampado.

A vida é curta demais, pessoal, para passarmos apenas como mais um inserido na multidão. Estabeleça suas metas, visualize seu futuro e se prepare.

Por tudo isso, o que foi exposto aqui, entretanto, deve ser realizado com ousadia para fazer a diferença! As empresas precisam acreditar que seus objetivos são possíveis, mas também é necessário saber que o seu sucesso dependerá, entre outras coisas, das pessoas que as compõem!

Para mudar o cenário, muitas vezes é preciso ser audacioso, ter uma visão de futuro e criar o ambiente fértil para o melhor desempenho e, consequentemente, maior produtividade e competitividade no mercado.

Vamos refletir sobre isso.

Boa jornada e sucesso!

Robson Rodrigues Silva

Mestrando em Administração, MBA em Gestão de Projetos, pós-graduado em *Marketing*, Administrador de Empresas. Palestrante motivacional e especialista em vendas, atendimento e *marketing*; diretor da RR Capacitação Corporativa, instrutor, consultor, professor universitário e coordenador dos cursos superiores em tecnologia de gestão de recursos humanos e processos gerenciais. Ministrou palestras e treinamentos para mais de 50.000 pessoas nos últimos anos em MG, ES e SC. Alguns de seus clientes: CENIBRA, USIMINAS, Produtos ANCHIETA, NTW, GRAAL, ENXUTA, Faculdade UNIPAC, Faculdade PITÁGORAS, Faculdade de Medicina do Vale do Aço/MG, UNILESTE/MG, Faculdade FAMA, Faculdades Integradas de Caratinga/Doctum, FACESM, UFV, Secretaria do Estado de Tecnologia de Minas Gerais, Associação Mineira de Supermercados/AMIS, Concessionárias Chevrolet/GM, Concessionárias Honda e Suzuki, CRA/Vale do Aço/MG, FEDERAMINAS, FIEMG/SESI, SENAC, SEBRAE, Associações Comerciais e CDL's de diversas cidades.

Site: www.robsonrodrigues.com.br
E-mail: robson@robsonrodrigues.com.br
Telefones: (31) 8788.5205 / 3849.4557
Twitter: twitter.com/rrpalestrashow

Anotações

30

O equilíbrio entre corpo, mente e carreira no gerenciamento do estresse

O presente artigo tem como objetivo relacionar de que forma o estresse interfere diretamente na nossa saúde e bem-estar e como as condições no ambiente de trabalho podem ser um importante fator desta equação

Sandra Adalgiza Barboza

Sandra Adalgiza Barboza

"Não são os anos em sua vida que são importantes, mas a vida em seus anos"
Abraham Lincoln.

Durante todo esse tempo de minha vida, desempenhando múltiplos papéis no âmbito social, acadêmico e profissional, continuo observando e interagindo com executivos e colaboradores de Instituições Públicas e Privadas, empresas multinacionais e familiares, tentando abrir a caixa de Pandora e não sabendo o que fazer ao me deparar com seu conteúdo.

Na ausência da reciprocidade, cada ser humano acumula experiências de caráter extremamente pessoal, que na maioria das vezes não tem oportunidade de transmitir a outros por lacunas que não o coloque como sujeito.

Percebo um desperdício da experiência acumulada quando as Organizações não estabelecem a Cooperativa Intelectual, na âncora da Gestão do Conhecimento, não só pensando no âmbito econômico, tecnológico, mas no estabelecimento da identidade do SER Corporativo que abriga o ser humano.

Apelar simplesmente para estimular a integração entre sistemas, corpo e mente significa validar o "Erro de Descartes" e o esquartejamento do corpo humano pela medicina atual, que olha as partes e não o todo através de suas especialidades.

Resta saber se essa dualidade se estende às Organizações, separando o trabalho do indivíduo, se apropriando de sua "mente" e relegando o corpo como um *hardware* ultrapassado.

Mergulhados no mundo global, mas atolados no mundo local, os gestores de si mesmo e de outras pessoas no exercício de seus papéis necessitam reavaliar qual o significado e a missão a qual se propõe. Como canalizam energias físicas, mentais e emocionais ou como as perdem, levando a um estado degenerativo de sua qualidade de vida.

Em pesquisa realizada em São Paulo e Porto Alegre pela ISMA-BR (*International Estresse Management Association* do Brasil), mensurando frequências, duração e quantidade de sintomas em uma escala de 1 a 7, os resultados são preocupantes:

Foram detectados nos profissionais pesquisados:

Angústia (78%), traços de agressividade (52%), queixas de dores musculares (96%), problemas gastrointestinais (32%) e insônia (58%) do total pesquisado, além da ansiedade, que atinge 82% dos profissionais.

No pódio da classe por categorias estão policiais, bancários, professores, profissionais de saúde e executivos, atingindo em efeito cascata aqueles que o cercam e interagem com ele também em outros cenários e papéis sociais.

As fontes de estresse podem causar riscos e vulnerabilidades, afetando a saúde dos executivos e colaboradores. Podem ser classificadas em:

ESTRESSE DE ORIENTAÇÃO INDIVIDUAL
- medo de falhar em uma missão;
- tensão física e emocional (longos períodos de trabalho);
- viagens e prazos;

ESTRESSE DE ORIENTAÇÃO INTERPESSOAL
- apoio inadequado dos supervisores;
- baixo desempenho por parte dos superiores;
- desempenho inadequado dos subordinados;

ESTRESSE DE ORIENTAÇÃO ORGANIZACIONAL
- atmosfera altamente competitiva;
- requisitos do cargo não são bem definidos;
- crédito inadequado pelas realizações;
- informações insuficientes sobre progresso na carreira;
- risco de contaminação ou morte;

Na medida em que essas variáveis interdependentes atingem o indivíduo, irão provocar uma reação de luta ou fuga, como meio de preservação de sua vida, ou de sua sanidade mental ou emocional.

Entendendo, portanto, que o estresse é uma reação emocional, física e cognitiva frente a uma situação e que requer uma adaptação, cada estímulo em cada pessoa pode enunciar uma forma positiva à reação denominada de EUSTRESSE (EU = VIDA) ou negativa de DISTRESSE (DIS = DOENÇA).

Levando em consideração a intensidade, frequência e duração do estimulo estressante, o indivíduo pode apresentar:

Efeitos subjetivos: ansiedade, agressividade, apatia, falta de paciência, depressão, frustração, nervosismo, solidão e baixa autoestima.

Efeitos comportamentais: consumo ilegal de drogas, transtornos emocionais, abuso de álcool e tabaco, conflitos interpessoais.

Efeitos cognitivos: falta de concentração, incapacidade para tomar decisões, lapsos de memória, entre outros.

Efeitos fisiológicos: aumento da pressão arterial, suores, falta de ar, problemas digestivos, distúrbios do sono, etc.

Efeitos na instituição/empresa: distração (interrupção de tarefas) relacionamentos conflituosos, declínio na produtividade e no desempenho, desmotivação, erros frequentes.

O impacto gerado no indivíduo como resposta ao estresse pode estar relacionado às características da Personalidade denominada Tipo A, que amplifica o volume da resposta:
- ansiedade e inquietação visíveis;
- impacientes;
- *workaholic* (trabalhador incansável);
- perfeccionista, com excessiva confiança e resolução;
- raramente se ausenta por doença;

- excessivamente exigente com prazos;
- ritmo acelerado consigo próprio e com os outros (tudo para ontem);

Quando esse perfil aparece relacionado implícita e sutilmente no leque de competências desenhado para o cargo, o gestor, a equipe, os departamentos interdependentes e a Organização se encaminham para um alto custo de doenças no âmbito ocupacional. O comprometimento da saúde, como efeito global do estresse, provoca diminuição do prazer, doenças agudas ou crônicas, redução do tempo de vida (morte precoce), redução de produtividade, interferindo na qualidade do trabalho e na dinâmica organizacional, estabelecendo assim pistas importantes para a revisão da Cultura Institucional / Empresarial, exigindo ações preventivas.

As reflexões podem ser iniciadas a partir de dados obtidos para a comprovação quantitativa e qualitativa dos efeitos do estresse.

Mensure:

- os índices de produtividade e de avaliação de *performance*;
- os índices de absenteísmo;
- número de demissões (*turn-over*);
- desligamentos voluntários;
- solicitação de transferência para outros departamentos;
- perda de talentos (alto potencial);

Identifique o aumento de conflitos setoriais / gerações X, Y...

Manutenção excessiva de equipamentos, quebras e desperdícios.

No âmbito ocupacional, identifique:

- Sobrecarga;
- Conflito de papéis;
- Controles ultrapassados no processo de trabalho;
- Excesso de ruído e temperatura: calor / frio;
- Comunicação deficiente / excesso de reuniões improdutivas, excesso de e-mails;

Verifique situações que interfiram na saúde

1. Trabalhos por turnos – ruptura do ritmo circadiano (ciclo sono/vigília) e da vida social.
2. Trabalho por longos períodos e fuso horário diferente.
3. Condições físicas adversas, tais como: ambiente pequeno, má iluminação, instrumentos de trabalho inadequados ou insuficientes.
4. Mudanças no ambiente de trabalho; transferências constantes, fusões e aquisições.
5. Nível de responsabilidade subitamente modificado e pressões por resultados.
6. Trabalho repetitivo, tedioso.
7. Deficiências de caráter ético nas relações.

Além de dados estatísticos e tangíveis propiciados pela análise desses indicadores, é fundamental que você, gestor, compreenda o que acontece com seu sistema corpo / mente em situações de estresse.

Eis um breve resumo disso:

O coração entra em maior atividade, portanto, bombeia mais sangue para todo o corpo. Os vasos se constringem, diminuindo assim o tempo de coagulação. A respiração, consequentemente, aumenta, tornando-se mais rápida e profunda. Como resultado, saliva e muco secam, causando uma sensação de incômodo. Passa-se a transpirar, acarretando no resfriamento do corpo. As pupilas se dilatam, deixando os olhos mais sensíveis quando em contato com a luz. A produção de glóbulos brancos aumenta, auxiliando no combate a infecções e, por fim, suspende-se as funções de baixa-prioridade, por exemplo, a digestão alimentar.

As vantagens tornam-se desvantagens

Veja porque:

Liberação constante de cortisona das glândulas suprarenais
Diminui resistência do corpo às infecções e doenças
Menos resistência do estômago ao próprio ácido
Úlceras gástricas e duodenais
Ossos mais frágeis
Maior quantidade de hormônio da tiróide na corrente sanguínea
Aceleram o metabolismo
Aumento de peso
Perda de peso
Autoimagem negativa

Efeitos do estresse persistente

As vantagens tornam-se desvantagens

Veja por que:

Liberação da endorfina – hipotálamo
Analgésico potente
Esgotamento dos níveis
Agravo de enxaquecas, dores nas costas
Artrite

Redução dos hormônios sexuais

- testosterona
- progesterona

dificuldades sexuais	fobias relacionadas à enfermidade	necessidades de procurar novos parceiros	comportamento obsessivo compulsivo

Lembre –se: "Seus pensamentos são as sementes. As emoções, o fertilizante."

Integrar estratégias para obter qualidade de vida, saúde física, mental e emocional, requer que sua autopercepção seja continuamente reavaliada.

Sandra Adalgiza Barboza

Diretora da DINAMICA DESENVOLVIMENTO DE RECURSOS HUMANOS. Doutora em Psicobiologia EPM / UNIFESP. Especialização em Saúde do Trabalhador e Medicina Comportamental; EPM/UNIFESP, Professora e pesquisadora responsável pela elaboração e validação do Curso de Especialização / Lato Sensu em "Gestão do Comportamento – *Master in Behavior Management* na Escola Paulista de Medicina / UNIFESP. Formação em Psicanálise e Pedagogia. Mestre em Administração e Planejamento pela Pontifícia Universidade Católica – PUC / SP. Pós-Graduação na ECA - Escola de Comunicação e Artes / USP. Pós-Graduação Internacional – "A Relevância de *La Psicologia en La Medicina Familiar*" – Universidade Médica de *La Habana*, Cuba. Palestrante em Congressos Internacionais no México, Panamá e Japão. Professora convidada no Curso Superior de Polícia Civil - ACADEPOL, em Gestão de Pessoas. Integra o corpo docente em Cursos na área Comportamental junto à Febraban. Atua em *Coaching* Executivo em empresas multinacionais e familiares.

Site: www.dinamicarhltda.com.br
E-mail: cheroke@terra.com.br
Telefone: (11) 2996-7873

Anotações

31

Coaching nas empresas

Por que utilizar o *Coaching* no ambiente empresarial para desenvolver seus colaboradores, obter engajamento do time, visão estratégica e resultados surpreendentes?

Tatiane Vilela e Marcela Buttazzi

Tatiane Vilela e
Marcela Buttazzi

Há quantos anos você observa seus funcionários desempenhando funções? Há quanto tempo você espera uma "entrega" ousada? O quanto seus funcionários trabalham com paixão?

Falta foco? Inovação? Competitividade? Conheça o que o *Coaching* pode fazer pelo seu negócio!

O que fazer para mudar este cenário?

A palavra "*coach*" surgiu na Inglaterra em 1500 para denominar aquele que conduzia uma carruagem. "O *coach* (profissional) conduz a pessoa de um lugar para o outro, ou seja, **do lugar onde ela está hoje, para aquele que almeja chegar amanhã**". O processo de *Coaching* utiliza uma metodologia de mudança. É um processo de parceria na descoberta do melhor caminho para a conquista desejada.

O *Executive Coaching*, popularmente conhecido como *Coaching* Empresarial, nasceu nos anos 80 e desde então vem crescendo com uma velocidade imensurável devido às novas tendências de comportamento. Atualmente, o *Coaching* é a ferramenta mais utilizada no desenvolvimento profissional, ressaltando que a metodologia "**não é apenas mais uma moda importada**", mas sim um processo eficaz que traz resultados garantidos para a organização e também para o indivíduo que está inserido no processo.

Durante o *Coaching*, trabalham-se as habilidades do colaborador para que ele atinja os objetivos da empresa, criando consciência, produzindo motivação, revelando e aprimorando talentos e desempenho. Durante todo o processo, o *coach* trabalha com quatro premissas:

- **Metas;**
- **Ações;**
- **Resultados;**
- **Visão Estratégica;**

Como funciona o projeto de *Coaching* na empresa?

Para iniciarmos o processo, é necessário o levantamento de dados da empresa onde é agendada uma reunião com o gerente e/ou com o departamento de Recursos Humanos. De acordo com a estrutura da empresa contratante, verificamos o que se espera e também sanamos eventuais dúvidas do processo. Após este primeiro momento, são definidas as metas e objetivos, levando em consideração o planejamento estratégico da empresa, baseado na missão, visão e valores da mesma. Depois serão consideradas as pessoas que participarão do processo de *Coaching*, onde é fundamental a participação do gestor que irá encorajar o colaborador e dar *feedback* contínuo, além do RH para acompanhar o andamento do processo juntamente com o *coach*. O profissional *coach* é fundamental para desenvolver metas, definir o plano de ação exigido, desenvolver habilidades necessárias, dar apoio e desafiar, dar *feedback*, oferecer outros pontos de vista e lidar com encerramento, ressaltando que há total confidencialidade entre os participantes.

Qual são os impactos que o processo de *Coaching* proporciona ao colaborador e à empresa?

- Alta *performance*;
- Desenvolvimento de equipe;
- Aprendizado contínuo;
- Relacionamento interpessoal;
- Qualidade de vida;
- Melhor administração do tempo;
- Criatividade aguçada;
- Descobertas de novos talentos e competências;
- Respostas mais ágeis;
- Aceitação do novo;
- Resiliência;
- Motivação;
- Mudança de cultura;

Uma amostra de um projeto de *Coaching* Empresarial

Essa sessão foi extraída de um projeto de Coaching. Os nomes foram modificados para preservar a confidencialidade do cliente.

A empresa Líder S/A contratou a *coach* TATIANE VILELA da MBTV*COACHING & CONSULTING* para desenvolver a colaboradora LUCI BRANDÃO para ocupar a posição de Gerente de Vendas da Divisão METAS. A Srta. Brandão completava o quadro de funcionários da organização há quase dois anos, onde ocupava o cargo de vendedora e atingia as metas em um tempo recorde, em comparação aos outros membros do time. Porém, para ocupar a função de liderança, Luci precisava desenvolver novas habilidades e competências. Para isso foi contratado o projeto de *Executive Coaching*.

Competências trabalhadas: Liderança e Trabalho em Equipe

1ª Sessão: Resultados Esperados

(Após explicar como funciona o processo de *Coaching*, foi iniciada a sessão)

MBTV COACHING: *Luci, como é sua convivência com a equipe?*

LUCI: Tenho uma relação saudável com os meus pares. Geralmente após o trabalho saímos para um happy hour.

MBTV COACHING: *Entendi. Mas, e no dia a dia, quando aparece um problema, como é solucionado?*

LUCI: Ah, tranquilo. Gosto de resolver os meus problemas sozinha, mas se precisarem estou disposta a contribuir. Prefiro resolvê-los, pois tenho certeza de que no final estará tudo certo.

MBTV COACHING: *Luci, você está ciente de que o nosso objetivo é desenvolver habilidades de liderança e trabalho em equipe. Precisamos focar nesta área, certo? Vamos para o nosso primeiro exercício que chama Resultados Esperados. Qual resultado você espera após passar por este processo de Coaching?*

LUCI: Quero pode dividir os problemas do trabalho sem ter a sensação de que fugi da minha responsabilidade. Gostaria de dar mais atenção à opinião dos meus colegas de trabalho, pois durante as reuniões acho que sempre tenho a melhor solução, pois continuamente atinjo as metas da empresa.

MBTV COACHING: *Como você vai saber que atingiu os objetivos?*

LUCI: Quando tiver um problema, vou pedir ajuda e solucioná-lo em conjunto. E se minha opinião não for escolhida, vou aceitar sem me sentir mal.

MBTV COACHING: *Por que isto é importante para você?*

LUCI: Porque gosto daqui e quero crescer profissionalmente. Sou uma pessoa batalhadora, aberta a desafios e estou muito grata ao meu chefe por estar passando por este treinamento.

MBTV COACHING: *O que você poderia fazer hoje para mover-se em direção à sua meta?*

LUCI: Vou iniciar uma leitura sobre o tema Liderança, pesquisar uma pós-graduação em Gestão de Pessoas e dividir com o grupo a minha opinião sem ser incisiva.

MBTV COACHING: *De 0 a 10, qual é seu nível de comprometimento para alcançar estes resultados?*

LUCI: Hum... 9, é um bom número.

2ª Sessão: AVALIAÇÃO DAS COMPETÊNCIAS EXIGIDAS PELO CARGO/EMPRESA

Esta sessão tem por objetivo avaliar o comportamento passado baseado nas competências necessárias para a nova função. Ou seja, que competência a colaboradora já possui e quais competências ainda faltam para assumir o novo desafio.

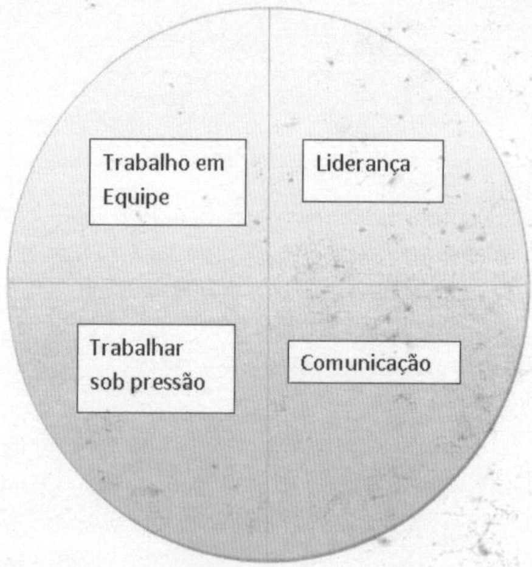

O que você está esperando para contratar um *coach* para sua empresa? Pense nisso!

Fonte:

- *Coaching Eficaz: Como orientar sua equipe para potencializar resultados; David Clutterbuck*, Editora Gente, 2009.
- *Coaching Para Performance: Aprimorando Pessoas, Desempenho e Resultados*; John Withmore, Editora QualityMark, 2006.

Tatiane Vilela e Marcela Buttazzi

Tatiane Vilela

Fundadora e sócia-diretora da MBTV *Coaching & Consulting*, psicóloga, *coach* e analista quântica. Experiência de 10 anos em Recursos Humanos, atuando em todos os subsistemas (recrutamento e seleção, treinamento e desenvolvimento, políticas e procedimentos, elaboração e condução de palestras sobre Orientação Profissional, Mercado de Trabalho e Geração Y. Atualmente é coordenadora de Recursos Humanos da Sunset Publicidade e *Marketing*

Marcela Buttazzi

Fundadora e sócia-diretora da MBTV *Coaching & Consulting*, *coach*, analista quântica; administradora de empresas e pós-graduada em Negócios pela Universidade Anhembi Morumbi e em Psicologia Geral nas Organizações pela Universidade Cidade de São Paulo (UNICID); Atua com Orientação Vocacional/Carreira, Recolocação Profissional, *Coaching* de Vida e Avaliação Comportamental. Inserida na área de Recursos Humanos desde 2003 com experiência em empresa e consultoria. Membro do WTC *BUSSINESS CLUB* e coautora do livro *Manual Completo de Coaching* da Editora SER MAIS.

Site: www.mbtvcoaching.com
E-mail: contato@mbtvcoaching.com
Telefone: (11) 9201-7997
Facebook: MBTV COACHING
Twitter: @mbtv_coaching
Blog: www.mbtvcoaching.blogspot.com

Anotações

32

Gente dá lucro

Este artigo tem como base as minhas leituras, pesquisas, vivências, convivências, docência e a experiência como gestora de recursos humanos. Compartilho com você alguns aprendizados sobre Gestão de Pessoas, na expectativa de que lhe sejam úteis

Zuldene Cipriano Gomes

Realizar a gestão por meio das pessoas ainda é um grande desafio, afinal, ao entrarmos em contato com este universo percebemos rapidamente as diferenças, seja em traços de personalidade, cultura ou formação. Percebemos também que aquilo que faz sentido para um, pode não fazer o menor sentido para o outro. As pessoas têm motivações distintas. É sabido que reconhecimento e bons relacionamentos contribuem significativamente para o engajamento das pessoas com a organização. O desafio, então, é reconhecer através de ações que os profissionais valorizem e ter habilidades relacionais que façam as outras pessoas se sentirem aceitas e valorizadas. Simples e complexo assim!

Por que gente dá lucro?

Justifico: quando a empresa não vai bem, existem alguns fatores que são determinantes. Listo alguns:

- Deficiência no processo de gestão;
- Alto índice de insatisfação dos funcionários;
- Falta de informações gerais;
- Falta de orientação;
- Falta de propósitos;
- Falta de cooperação;
- Posturas inadequadas;
- Relações interpessoais difíceis;
- Assuntos velados expressados pelo absenteísmo e desmotivação;
- Desengajamento e, consequentemente, demora nas entregas, comprometendo a qualidade dos processos de trabalho.

Podemos afirmar que as chances de mortalidade das empresas pode se agravar caso estes itens não forem observados a tempo.

Quando a empresa vai bem, encontramos:

- Estratégia definida;
- Comunicação clara e tempestiva;
- Reconhecimento e recompensa;
- Fomento do trabalho em equipe;
- Cultura da excelência em serviços (atendimento e relacionamento com clientes);
- Relações interpessoais saudáveis.

Podemos afirmar que estes itens contribuem fortemente para o sucesso das organizações.

O trabalho demanda esforço de seus colaboradores que, para

desempenharem bem suas tarefas, necessitam de condições favoráveis. Cabe à empresa criar boas condições de trabalho e buscar soluções para que todos trabalhem cooperativamente e satisfeitos com a função. O papel do gestor não é ser paternalista. É ser integrador.

Pode-se começar com a formação de uma equipe sinérgica, que seja capaz de lidar com as diferenças individuais de forma respeitosa, sabendo utilizar o melhor de cada um para o alcance dos resultados organizacionais. Para tanto, a divisão das atividades precisa ser reconhecida como justa e a pessoa deve sentir-se em condições de executá-las. O papel do gestor é muito importante para observação e acompanhamento.

O treino faz parte de uma boa equipe. No ambiente organizacional, aprender continuamente é uma questão de sobrevivência. O papel da gestão é identificar as necessidades e nortear o plano de desenvolvimento. Entender do negócio, da missão, dos objetivos estratégicos, do papel individual de cada um, dos conhecimentos técnicos necessários, das normas e dos riscos: tudo isso são condições fundamentais para a excelência dos processos. O desenvolvimento não se dá apenas no campo técnico, é preciso desenvolver outras habilidades, por exemplo, resistência ao estresse e à pressão, fatores presentes na execução dos trabalhos.

Oferecer às pessoas uma plataforma de desenvolvimento adequado, procurando não só o interesse comercial, mas também interesses individuais, levará a empresa a ter um ganho significativo. Promovendo palestras, atividades musicais, debates sobre interesses pessoais, desenvolvimento de competências para a vida, viagens técnicas, entre outras, a empresa só tem a ganhar.

Vale lembrar que Gestão de Pessoas começa por confiança, por delegação e por utilização de ferramentas capazes de acompanhar reconhecer seus desempenhos.

Partindo do princípio que "ser gestor de pessoas é ocupar um cargo", e que "ser subordinado é estado de espírito", temos uma boa discussão. O trabalho do profissional só será de qualidade se ele se sentir motivado, compreendido, incluído, valorizado e respeitado. Em outras palavras, trabalho está relacionado à emoção. É claro que alguns estilos de gestão fizeram sucesso, mas não se engane. O mundo organizacional também mudou. O autoritarismo já não faz efeito para os mais jovens. Nunca o diálogo foi tão eficaz. Nossos jovens querem participar. Nossos veteranos querem continuar. Como fazer com que as pessoas se doem voluntariamente? Como reter profissionais analíticos, criativos, proativos? Pesquisas mostram alguns fatores motivacionais modernos: remuneração, crescimento na carreira, aprendizado e conforto.

A moeda corrente na retenção das pessoas nas organizações ainda é a remuneração, apesar de não figurar no primeiro lugar para muitos. Outro fator é a visão de futuro, ou seja, a possibilidade de crescer na carreira. Um ambiente de trabalho acolhedor e confortável favorece o trabalho e as relações profissionais. Planos de sucessão estimulam o desempenho superior. Programas de reconhecimento e de recompensa valorizam e diferenciam as pessoas.

Se a empresa não reconhecer esforços, estará sendo injusta e não conseguirá reter bons profissionais.

Enfim...

Para você que aceitou o desafio de estar à frente, ao lado e no suporte das equipes, aqui vão algumas dicas:

1. Exerça uma liderança ética orientada para os resultados. Exige respeito mútuo, transparência, compartilhamento de valores e construção contínua da confiança;

2. Tenha como princípio básico o atendimento ao cliente. Exige alta prioridade em todos os processos e metas. Aceite que o futuro depende desta parceria. Promova políticas que afirmem os valores e a cultura da instituição;

3. Crie um ambiente propício à autonomia, inovação e a prevenção de riscos. Exige trabalho em equipe, entusiasmo, criatividade, visão de futuro, prudência e responsabilidade;

4. Entenda que os processos são para servir e não para complicar. Exige conhecimento, aderência às normas, disciplina e comprometimento com os detalhes. Coloque-se à disposição para cooperar;

5. Inclua na sua agenda o reconhecimento à realização das pessoas. Exige reconhecer que as pessoas são as responsáveis pelos resultados. Poder falar e ser ouvido. Seja capaz de ouvir atentamente as sugestões e solicitações de seu colaborador, lembrando que ele aguardará pela resposta. Não é raro ouvir comentários do tipo: "Sempre apresentamos sugestões, mas quase nunca obtemos retorno" ou "Nós já falamos com a gerência e eles não fizeram nada a respeito". Com satisfação, reconheça e comemore as vitórias da equipe;

6. Estimule a produtividade e agilidade na entrega. Exige atenção, dinamismo, dedicação, foco e excelência em tudo que se faz;

7. Valorize a aprendizagem e o desenvolvimento. Exige que cada um tenha a capacidade de conduzir seu desenvolvimento. A empresa atuará como parceira, disponibilizando recursos, criando condições e orientação profissional. Identifique talentos e desenvolva-os. Venda futuro à equipe, não expectativas;

8. Promova espaço para que os funcionários se apaixonem pela

performance. Exige definição de objetivos e metas previamente acordadas;

9. Cuide da segurança e conforto no espaço de trabalho. Exige promoção do bem-estar e atenção às necessidades das pessoas. Considere-as, fazendo com que se sintam importantes. Lembre-se: pessoas não deixam as empresas, deixam os chefes. Ajude o colaborador na solução de suas dificuldades profissionais e pessoais, fazendo com que ele se sinta estimulado e motivado a produzir mais, a partir da percepção de que a empresa se preocupa com ele. Promova e estimule o equilíbrio pessoal e profissional da sua equipe - para ser bem-sucedido não é necessário sacrificar a família, por exemplo. Não podemos sustentar esse paradigma;

10. Comunique-se! Exige tempestividade, clareza e objetividade. Prepare-se para ser capaz de oferecer e, especialmente, receber *feedback*. Demonstre respeito pelas opiniões e ações de pessoas diferentes de você. Este é o estado da arte de ser gestor que tornará sua tarefa mais fácil e mais leve.

Sylvia Vergara, em seu livro *Gestão de Pessoas e Subjetividade*, impressiona quando diz que "pessoas não fazem somente parte da vida produtiva das organizações, elas constituem o princípio essencial de sua dinâmica, conferem vitalidade às atividades e processos, inovam, criam e recriam contextos e situações e podem levar a organização a posicionar-se de maneira competitiva, cooperativa e diferenciada com clientes, outras organizações e no ambiente de negócios em geral".

Todo gestor faz parte do negócio, porém, são as pessoas que fazem a diferença. Sem elas, não existe lucro.

Referências

- Moscovici, Fela – *Desenvolvimento interpessoal*, Ed. José Olympio, 9ª edição, 2000;
- Robbins, Stephen – *Comportamento Organizacional* – 9ª edição – PrenticeHall – 2004;
- Covey, Stephen R – *Os 7 hábitos das pessoas altamente eficazes* – Ed. Best Seller – 2002;
- Vergara Sylvia - *Gestão de Pessoas e subjetividade* – Ed. Atlas – 2010;
- Senge, Peter -*A quinta disciplina*, Ed. Best Seller, 4ª. Edição – 1999;

Zuldene Cipriano Gomes

Pedagoga com MBA em Gestão de Pessoas baseada em competências. Formação em *coach* pelo Instituto de *Coaching* Integrado – ICI. Atualmente é gerente de gestão de pessoas do Banco Cooperativo do Brasil . Consultora organizacional e educacional. Professora da disciplina Comportamento Organizacional – MBA da UniDF. Consultora do Sebrae em cursos presenciais e a distância. Instrutora de diversos cursos da área comportamental e de Gestão. Conteudista para cursos presenciais e a distância.

E-mail: zuldenegomes@uol.com.br
Telefones: (61) 3346-7678 / (61) 8403-2408

Anotações